社区建设丛书·智慧家长系列

# "双减"后，
# 我们需要怎样的家庭教育

SHUANGJIAN HOU
WOMEN XUYAO ZENYANG DE
JIATING JIAOYU

马良 著

西南大学出版社
国家一级出版社 全国百佳图书出版单位

图书在版编目(CIP)数据

"双减"后,我们需要怎样的家庭教育 / 马良著
. -- 重庆 : 西南大学出版社, 2023.2
ISBN 978-7-5697-1713-6

Ⅰ.①双… Ⅱ.①马… Ⅲ.①家庭教育 Ⅳ.①G78

中国版本图书馆CIP数据核字(2022)第239157号

## "双减"后,我们需要怎样的家庭教育
SHUANGJIAN HOU WOMEN XUYAO ZENYANG DE JIATING JIAOYU

马　良著

责任编辑:雷　刚
责任校对:谭　玺
封面设计:米　可
排　　版:杨建华
出版发行:西南大学出版社(原西南师范大学出版社)
　　　　　地　址:重庆市北碚区天生路2号
　　　　　邮编:400715　市场营销部电话:023-68868624
　　　　　http://www.xdcbs.com
经　　销:新华书店
印　　刷:重庆友源印务有限公司
开　　本:170mm×240mm
印　　张:13.75
字　　数:201千字
版　　次:2023年2月　第1版
印　　次:2023年2月　第1次印刷
书　　号:ISBN 978-7-5697-1713-6
定　　价:58.00元

## 社区建设丛书·智慧家长系列
## 编委会

总 主 编　廖桂芳

副总主编　魏　巍　邓　杉　郑廷友

编　　委　（按姓氏笔画顺序排列）

　　　　　王　希　尹晓晴　邓美林　向静芳

　　　　　杨桂花　张　丽　陈　敏　陈开明

　　　　　周　茜　周　源　黄亚凝　戴　倩

# 总　序

　　孩子的健康成长关系着千家万户的幸福,更关系着中华民族的未来和希望。家庭是一个孩子在从出生到走入社会的过程中重要的生活空间,是培养和教育孩子的重要园地。家庭教育是学校教育的重要延伸和必要补充,具有不可替代的特殊作用。

　　家长们在面对孩子时会遇到各种特殊情况和疑难问题,如何开展家庭教育、指引孩子健康成长,本丛书提供了一系列的"诊断"和建议。在编写过程中,编者们参阅了大量国内外家庭教育方面的经典案例,结合儿童和青少年的身心特点和成长规律,文字通俗易懂、生动形象,能让您在轻松快乐中感受、领悟、学习、借鉴,也能让您在实践应用中有所收获,与孩子一起成长、共同进步,共建和谐美满的爱心家园。

　　整套丛书选择了多个当下家庭教育和家庭关系处理中的热点问题,分别从"好父母好教育""隔代教育艺术""留守儿童教育""单亲家庭教育""青春期教育""孩子关键期教育""独生子女教育""和谐家庭建设"等视角进行了研究,并提出了解决问题的办法和有益的借鉴,指出了改进教育的理念方法和有效措施,解答了家庭教育中普遍存在的突出问题,不仅形式上有所创新,内容上与时俱进,而且有较强的可读性,具有普遍的推广和指导价值。

　　通过此套丛书,我们由衷希望家长朋友们能全面系统、直截了当地认识到,家庭教育是建立在血缘亲情基础之上的教育,不同于学校教育,更不同于社会教育,有其自身的特殊性,在孩子的健康成长中起着不可替代的基础性和保障性的作用。然而现实中,有的家庭忽视了家庭教育,让孩子错失了很多本来很好的成长机会;有的家庭虽然重视家庭教育,但没有章法,不懂得必要的心理学和教育学知识,科学性不够。这两者显然都无法完整地实现家庭教育的功能。科学合理、充满善意、温暖和谐的家庭教育,往往决定了孩子的成人心智、成长水平、成才后劲和成功高度。为了我们共同倾注爱和关怀的下一代,为了我们共同期望的未来社会的栋梁之才,我们需要对家庭教育高度重视、不断反思、探索总结、终身学习。

家长朋友们,教育是一项极为复杂、没有常式的心灵事业,因为每个孩子和家庭的情况都有很多不一样的地方。因此,在具体的教育过程中,希望家长朋友们一定要因人而异、因势利导、顺势而为,针对不同的情况,适时更新教育理念,适时转变教育观念,选择正确、合理的教育方式,才能达到较为理想的教育效果。

世界上有许多事情可以等待、可以重来,唯独孩子的成长不能等待、不可重来。毫无疑问,家庭教育是一项极为神圣、永无止境的灵魂事业,让我们共同坚守、共同努力,倾注关爱和热情,提供氧分和空间,帮助引导孩子仁心向善、天天向上、扬帆向前、一生精彩,让您的家庭真正成为爱的港湾和心灵的家园!

丛书由廖桂芳教授担任总主编,由魏巍、邓杉、郑廷友三位副教授担任副总主编,由一线优秀教师联袂编写而成。系列丛书编写者中有大学生的人生导师,有中学班主任,有小学的辛勤园丁,还有教育培训机构的培训老师。我们通过讲故事、找问题、给对策和提建议的方式,和每一位家长一起来为孩子的成长寻找合理的方向和适当的道路。亲爱的家长们,没有哪一条路是最好的,也没有哪一种方法是通用的,但是我们的心却都一样——"放孩子们到宽阔光明的地方"。怀着这样的愿望,我们和您一起分享这套书,希望您的孩子有一个海阔天空的世界,伴着智慧和勇气,去跨越,去成长!

编者

# 前 言

家,是人生的驿站,是生活的乐园,也是避风的港湾。家,是一个充满亲情的地方,也是担当责任的地方。

家,是人的自然属性暴露得最多的场所,也是彼此真诚相待的场所。

家,是社会的一个天然基层细胞,也是人才成长的摇篮。

家不仅对于个人有重要作用,而且对于国家也意义重大。古语有云:天下之本在国,国之本在家。家是最小的国,国是千千万万个家。有家才有国,有国才有家,小家连着大家,连着国家。家的发展不仅是家庭成员的私事,还是国家的大事。

有家,就有孩子,就有家庭教育。家庭教育好,直接关涉家庭的希望、民族的未来,与社会进步相通,与国家命运相连。

何为"家庭教育"呢?《中华人民共和国家庭教育促进法》第二条所称家庭教育,是指父母或者其他监护人为促进未成年人全面健康成长,对其实施的道德品质、身体素质、生活技能、文化修养、行为习惯等方面的培育、引导和影响。

家庭教育是人类社会全部教育活动的重要组成部分,它对一个人的成长以及社会的发展都有着特别重要的作用。人们常说:家庭是孩子的第一课堂,也是终身的学堂;家长是孩子的第一任老师,也是终身的老师。家庭教育、学校教育和社会教育构成了教育的有机整体,共同作用于孩子的成长。其中,家庭教育是基础性教育的基石,主导着学校教育和社会教育,其地位和作用是学校教育和社会教育所无法替代的。孩子上学后,家庭教育既是学校教育的基础,又是学校教育的补充和延伸。家庭教育能塑造孩子的道德品行、行为习惯、文化品位和价值观念，更能对孩子进行个性化的培养，是孩子健康成长的重要保证。

近年来，教育出现了短视化、功利性的问题。一方面，中小学生作业负担较重，作业管理不够完善；另一方面，校外培训过热，超前超标培训问题突出，一些校外培训项目收费居高不下，培训机构"退费难""卷钱跑路"等违法违规行为时有发生。这些问题严重对冲了教育改革发展的成果，给社会带来了不良影响。于是，2021年7月24日，中共中央办公厅、国务院办公厅印发《关于进一步减轻义务教育阶段学生作业负担和校外培训负担的意见》(本书简称"双减")。

"双减"政策的出台，犹如一阵风，吹动了林中的每一棵树、每一片叶。每个家庭、每位家长都感受到了"双减"的力度，给我们家庭教育带来了实实在在的影响。表面上，"双减"针对的是过去一段时间愈演愈烈的校外辅导、在线补课和教育内卷化，是为了减轻孩子的过重作业负担和校外辅导负担，但实质上是教育育人属性和公益属性的强调和回归。

那么，在"双减"之下，我们家长如何让家庭教育回归本真呢？

本书带着我们家长朋友从"走近'双减'政策""转变教育理念""经营家庭环境""增进亲子关系""检视教育行为""丰富家庭作业""构建家校共育""审视校外辅导"8个方面来学习，希望通过看书学习提高我们家长家庭教育的水平，促进孩子全面发展，健康成长。

## 一、如何走近"双减"政策

"双减"政策的出台，犹如在沸腾的油锅里滴入了几滴水。在"双减"政策之下，我们家长要了解教育大势的风向标，要有"育儿先育己"的勇气和内省。减，不是让孩子不学了，而是减去过重、重复、无用的作业负担。家长要把"双减"当作培养孩子更加自律、自主、高效学习的教育契机，培育孩子自我管理的好时机，培养孩子良好的学习、生活习惯的好机会。在教育大变革中,我们家长必须有所准备,必须投入家庭教育的新未来之中,力争通过我们家长的应变带动孩子对教育新环境和未来社会的适应,通过我们家长的努力转化为孩子勤奋和勇敢的动力。

第一章首先带家长走近"双减"政策,了解"双减"政策出台的背景和原因,认识"双减"带给我们家长哪些信息,以及如何消解新的教育焦虑,厘清"双减"政策之下我们家长有哪些改变与不变,切实做好"双减"政策之下的"加减法"。

## 二、如何转变教育理念

随着信息时代的到来,家庭教育被提到了前所未有的高度,许多家长把大部分甚至全部的精力、物力、财力都倾注到孩子身上,"望子成龙,望女成凤"成了家长最大的愿望。但是如果我们家长没有一个正确的教育理念,盲目跟风,随意地开展家庭教育,效果可能会适得其反,事与愿违。要实施好家庭教育,必须努力学习家庭教育的相关知识,学习家庭教育的成功经验,树立正确的家庭教育理念。"双减"政策之下,教育的大环境已发生了革命性的变化,对家庭教育提出了新的要求,我们家长更需要有紧随新时代的家庭教育理念。

第二章与家长谈谈"双减"政策之下,我们家庭教育理念的转变。我们家长要把"双减"出台当成家庭教育回归本真的契机,要把孩子当鲜活的生命,要重视孩子个性化而全面的发展,看待孩子的学习成绩和升学要理性,对孩子的学习期望值要适度,要珍视孩子未来发展的无限可能性,不要盲目地拿自家孩子与别人家的孩子攀比。"双减"既不是让家长过度放养孩子,也不是家长的自我放飞。

## 三、如何经营家庭环境

家庭是孩子成长的第一环境,也是影响孩子成长的主要环境。"双减"之下,大的教育环境已发生改变,不变的是我们家长要经营好家庭小环境。美国心理学家、教育家杜威说:"家庭环境对孩子的成长有着决定性的影响。孩子的心灵是纯朴天真的,他们生活在什么样的环境中,就会被造就成什么样的人。"不久前,出台的《中华人民共和国家庭教育促进法》第十五条就明确要求:"未成年人的父母或者其他监护人及其他家庭成员(家长)应当注重家庭建设,培育积极健康的家庭文化,树立和传承优良家风,弘扬中华民族家庭美德,共同构建文明、和睦的家庭关系,为未成年人健康成长营造良好的家庭环境。"

第三章与家长谈谈在"双减"政策之下家庭环境的重要性以及如何经营家庭环境。首先,我们家长要认识到家庭是孩子成长的土壤,家长是孩子最好的老师,家人是影响孩子的重要因素,教育孩子的思想要一致。其次,我们家长不能"躺平"[1],恰好要借"减"的契机而"加",给孩子一个优质的充盈着书香气的家,家里还要有良好的家风、家教。最后特别提醒家长,要保证孩子安全地学习和生活。

## 四、如何增进亲子关系

亲子关系就是家长与孩子的关系。亲子关系是每个人来到世间的第一个人际关系,对每个孩子的身心健康都是十分重要的。实践经验告诉我们,没有良好的亲子关系就没有良好的家庭教育。亲子之间的互动不仅可以帮助孩子更好地认识自我、建立自我同一性,还可以帮助孩子摆脱自我中心,建立同理心,心中有他人,并将视野投向更广阔的群体、社会、国家和世界。如果家长了解孩子发展中的生理、心理特点,并给予严格要求、关心、期待、评价,孩子对家长就会尊敬、认可、体贴,亲子关系就会向好的方面发展。反之,则不然。

第四章与家长谈谈亲子关系的重要性以及如何构建良好的亲子关系。"双减"政策的出台为家庭构建亲子关系提供了更加可能和有利的

---

1. 躺平,网络流行词。指无论对方做出什么反应,你的内心都毫无波澜,对此不会有任何反应或者反抗,表示顺从心理。

条件,家长一定要与孩子建立信任关系,注意有质量地陪伴孩子,走进孩子的心灵并倾听孩子的心声,掌握与孩子交流沟通的技巧,有效地开展家庭活动,创造与孩子亲密接触的机会,寻找和孩子的共同语言。

## 五、如何检视教育行为

教育行为是家长在教育孩子的过程中表现出来的一种相对稳定的行为方式,具有示范性、适宜性等特点,它对孩子发展的影响最为直接,孩子的反应往往也最为快速。我们家长要把"双减"政策的出台当作检视自己家庭教育行为的契机。家长要明白,世上没有完美的孩子,需要家长按照科学的方法去教育引导;世上也没有完美的家长,家长教育孩子需要多学习、多反思,不断改进和完善教育观念和行为。孩子需要教育,可需要接受教育的不只是孩子,还有我们家长自己。

第五章与家长谈谈,在"双减"政策出台后,我们应该关注哪些家庭教育行为,以及如何规范我们的教育行为。首先,对孩子的期望要适度,不能"高标""低配",对孩子的评价要准确,要注意过程性和发展性评价,要分清孩子的"任性"和"个性"。其次,家庭教育不能"内卷"[①],别再"鸡娃"[②],要重视在"陪读"中"培养",要培养孩子的自律,特别不要忽视孩子的生活体验。

## 六、如何丰富家庭作业

家庭作业就是在家庭里完成学习方面的既定任务而进行的活动。这里的学习任务既包括学校老师布置的各种任务,也包括我们家长给

---

2. 内卷,网络流行语,原指一类文化模式达到了某种最终的形态以后,既没有办法稳定下来,也没有办法转变为新的形态,而只能不断地在内部变得更加复杂的现象。现指同行间竞相付出更多努力以争夺有限资源,从而导致个体"收益努力比"下降的现象。

3. 鸡娃,网络流行词,指家长为了孩子能读好书、考出好成绩,不断给孩子安排学习和活动,不停让孩子去拼搏的行为。

孩子布置的各种任务;既包括完成文化知识任务,也包括完成健康成长所需要的非文化知识类任务。"双减"政策的出台是一件利国利民的好事,因该政策要求减轻我们孩子的过重学业负担和减去重复、无效的作业负担后,孩子有了更多的自由时间。这样,孩子的家庭作业就不只局限于老师布置的书面和背诵类的家庭作业,而是延伸到有利于培养孩子身心健康、思想品德、人文素养、审美情趣等综合素质层面上的作业。

第六章与家长谈谈,在"双减"政策之下如何丰富孩子的家庭作业。我们家长不仅要清楚怎么"双减",还要明白怎么"双增"。要指导孩子合理用好时间,培养孩子学会管理作业时间,还要把学会做人、家务劳动、体育运动、审美教育、人际交往、挫折教育、学会管理零花钱也当成家庭作业。

## 七、如何构建家校共育

所谓"家校共育",就是充分发挥好家庭、学校的教育作用,形成教育合力,共同把孩子培育好。在"双减"政策之下,教育更显复杂,更需要家校合作共育。家长和老师就像两支船桨,只有双方朝着同一个方向共同发力,才能让孩子朝着家校期望的方向驶去,顺利到达成功的彼岸,拥有更好的人生。在教育路上,家长和老师应该结伴而行。优秀的孩子,背后都是家长和老师在奋力托举。

第七章与家长谈谈在"双减"政策之下,我们如何构建有效的"家校共育"。首先,家校要协作落实好"双减"。其次,在家校共育过程中,家长不仅要有责任感,还要明确家庭教育的责任边界,要明确孩子是我们家长的,不是老师的。再次,要想达成有效的"家校共育",我们家长就要学会与学校老师展开合作,要懂得维护好老师的威信,信任学校老师,掌握与学校老师沟通的技巧,维护孩子的权益要合理合情。

八、如何审视校外辅导

这里把地下辅导班、一对一补课、孩子的老师补课、非学科辅导班统称为新的"校外辅导"。针对这些校外辅导现象,我们家长应该三思而后行。

在"双减"政策之下,建议家长趁着这次机会,让我们的家庭教育回归本真,好好摸索探讨一下在没有外力帮助的情况下如何陪伴孩子;如何引导孩子学会自律,管理自己的学习时间,养成良好习惯;如何丰富孩子的家庭作业,让孩子德智体美劳全面发展,提高孩子的综合素质。

第八章与家长谈谈,在"双减"政策之下如何审视校外辅导。首先,家长要冷静,不要跟风参加校外辅导,要认清校外辅导的利弊,要分析判断校外辅导适不适合自家孩子。其次,家长要识别校外辅导的各种乱象,学会遇到欺诈如何维权。再次,家长要选择好校外非学科辅导,那些选择不参加校外辅导的家庭,家长要补好位,尽量辅导好孩子的学习。

# 目录

1 | 前言

## 第一章 让我们一起走近"双减"政策

2 | 第一节 "双减"政策出台的背景和原因
3 | 第二节 "双减"政策带给家长哪些信息
8 | 第三节 "双减"政策带给家长哪些焦虑
11 | 第四节 如何消解"双减"政策之下的新焦虑
14 | 第五节 "双减"政策下的改变与不变
17 | 第六节 "双减"政策之下,有减也有加

## 第二章 "双减"政策之下,如何转变教育理念

22 | 第一节 "双减"是家庭教育回归的契机
25 | 第二节 孩子是鲜活的生命
27 | 第三节 孩子应当个性化而全面地发展
30 | 第四节 理性看待分数与升学
33 | 第五节 对孩子的学习期望值要适度
37 | 第六节 珍视孩子未来发展的无限可能
40 | 第七节 盲目地拿孩子攀比有害
44 | 第八节 既不放养孩子,也不放飞自我

## 第三章 "双减"政策之下,如何经营家庭环境

48 | 第一节 家庭是孩子成长的土壤
51 | 第二节 家长是孩子最好的老师
55 | 第三节 家人教育孩子的思想要统一
58 | 第四节 "双减"不是让家长无事可干
61 | 第五节 家,需要有书香气

| 64 | 第六节 家,要有良好的家风 |
| 66 | 第七节 孩子需要安全感 |

## 第四章 "双减"政策之下,如何增进亲子关系

| 72 | 第一节 搞好亲子关系的关键是信任孩子 |
| 75 | 第二节 提高陪伴孩子的质量 |
| 78 | 第三节 倾听孩子的心声,走进孩子的心灵 |
| 81 | 第四节 掌握与孩子沟通的技巧 |
| 84 | 第五节 有效地开展好家庭活动 |
| 89 | 第六节 创造与孩子肌肤碰触的机会 |
| 92 | 第七节 寻找和孩子交流的共同语言 |

## 第五章 "双减"政策之下,如何检视教育行为

| 96 | 第一节 对孩子的期望值要适度 |
| 99 | 第二节 正确地评价孩子的表现 |
| 102 | 第三节 分清孩子的任性和个性 |
| 106 | 第四节 防止家庭教育无序竞争 |
| 109 | 第五节 让孩子拼搏的行为要有度 |
| 113 | 第六节 在陪读中培养孩子 |
| 116 | 第七节 要培养孩子的自律能力 |
| 119 | 第八节 让孩子有丰富的体验 |

## 第六章 "双减"政策之下,如何丰富家庭作业

| 126 | 第一节 "双减"政策之下,还有"双增" |
| 128 | 第二节 培养孩子学会管理作业时间 |

## 目录

131 | 第三节　家庭作业里必有学会做人
135 | 第四节　要把家务劳动当作业
139 | 第五节　把体育运动也当成孩子的作业
142 | 第六节　增加孩子的美育作业
147 | 第七节　人际交往也是家庭作业
150 | 第八节　挫折教育是孩子不可或缺的作业
153 | 第九节　让孩子学会管理零花钱

### 第七章　"双减"政策之下，如何构建家校共育

158 | 第一节　家校如何协作落实好"双减"
159 | 第二节　明确家庭教育的责任边界
163 | 第三节　孩子是我们家长的，不是老师的
166 | 第四节　学会与学校老师开展合作
169 | 第五节　懂得维护好老师的威信
172 | 第六节　信任是家校共育的前提
175 | 第七节　与老师沟通要讲究技巧
179 | 第八节　维护孩子的权益要合情合理

### 第八章　"双减"政策之下，如何审视校外辅导

186 | 第一节　不要盲目跟风参加校外辅导
189 | 第二节　认清校外辅导的利弊
192 | 第三节　校外辅导不适合每个孩子
195 | 第四节　识别校外辅导的各种乱象
197 | 第五节　如何选择校外非学科类培训
198 | 第六节　参加校外辅导如何维权
200 | 第七节　没了校外辅导，家长要补位

# 第一章 让我们一起走近"双减"政策

"双减"政策的出台如一阵风,吹动了林中的每一棵树、每一片叶。每个家庭、每位家长都感受到了"双减"的力度,给我们家庭教育带来了实实在在的影响,或欣喜或焦虑、或清楚或困惑。无论怎样,我们家长都有必要认识这教育新政。

"双减"政策的出台,犹如在沸腾的油锅里滴入了几滴水,家长们各抒己见,争论不断。有家长开心地说:"孩子终于有更多自由时间了。"但也有家长焦虑地表示:"课不补了,作业也少了,多出来的时间难道瞎玩吗?"家长有这样的纷争太正常不过了,毕竟"双减"真实地关涉到每一个家庭和每一个孩子的切身利益。

在"双减"政策之下,我们家长要了解教育大势的风向标,要有"育儿先育己"的勇气和内省。减,不是让孩子不学了,而是减去无用功或有损孩子身心健康的负担,是培养孩子更加自律、自主、高效地去学习。

其实,"双减"是开展家庭教育的好契机,是培育孩子自我管理的好时机,是培养孩子学习、生活习惯和能力的好机会。试想,一个被动安排赶场上校外辅导班的孩子怎么自我合理安排时间?一个整天忙着死记硬背和机械刷题的孩子又怎么能全面发展?

面对教育大变革,我们家长必须有所准备,必须投入家庭教育的新未来之中,力争通过我们家长的应变带动孩子对教育新环境进行适应,将我们家长的努力转化成为孩子勤奋和勇敢的动力。

本章与家长朋友一起走近"双减"政策。首先,要了解"双减"政策出台的背景和原因,认知"双减"政策带给了我们家长哪些信息以及可能的焦虑。其次,家长如何消解"双减"背景之下的新焦虑,厘清"双减"政策之下我们家长有哪些改变与不变,切实做好"双减"政策之下的"加减法"。

## 第一节 "双减"政策出台的背景和原因

2021年是我国教育不平凡的一年,是我们家庭教育有较大调整的一年。

2021年7月24日,中共中央办公厅、国务院办公厅印发了《关于进一步减轻义务教育阶段学生作业负担和校外培训负担的意见》。

教育部有关负责人表示,近年来,按照党中央、国务院的决策部署,各地深入开展减轻义务教育阶段学生作业负担和校外培训负担工作,取得了积极成效。但现在义务教育最突出的问题之一还是中小学生负担太重,短视化、功利性问题没有得到根本解决。一方面是学生作业负担仍然较重,作业管理不够完善;另一方面是校外培训仍然过热,超前超标培训问题尚未得到根本解决,一些校外培训项目收费居高不下,资本过度涌入存在较大风险隐患,培训机构退费难、卷钱跑路等违法违规行为时有发生。这些问题不仅导致学生作业和校外培训负担过重,还让家长经济和精力负担过重,严重对冲了教育改革的发展成果,社会反响强烈。

教育部有关负责人介绍,长期以来,义务教育学校特别是小学"三点半"放学现象带来了家长因未到下班时间接孩子难的问题,有的还因此把孩子送到校外培训机构,增加了过重校外负担,造成了"校内减负、校外增负"的问题,已经成为社会广泛关注的热点问题。

教育部有关负责人说,据统计,目前全国面向中小学生的校外培训机构数量十分巨大，已基本与学校数量持平，鱼龙混杂、良莠不齐，如果任其发展，将形成国家教育体系之外的另一个教育体系。由于违法违规成本较低，导致无证无照机构屡禁不止，虚假宣传、超前超标、乱收费、与中小学招生入校挂钩等违法违规行为依然存在，机构倒闭等事件时有发生。

此外，近年来大量资本涌入培训行业，展开烧钱大战，广告铺天盖地，对全社会进行狂轰滥炸式营销，各种贩卖焦虑式的过度宣传违背了教育的公益属性，破坏了教育的正常生态。

我们在孩子的教育上投入这么多的时间、精力和金钱，而结果却不尽如人意，甚至还事与愿违。经过调查发现，小学生平均睡眠时间不足9个小时，初中生不足8个小时，高中生只有7个小时。各个学段学生的睡眠时间均呈下降趋势，这严重影响了他们的生长发育。

可见，"双减"政策出台之前的教育生态绝对不正常，国家再不出手，影响的不仅是这一代或几代人，而是整个民族的未来、国家的命运。"双减"政策的出台就是对整个教育环境的整治，希望教育回归本真。

"双减"政策的出台，是国家站在实现中华民族伟大复兴的战略高度，对教育工作做出的重要决策部署。

我们每位家长都应该从政治高度、从深化教育体制改革的角度来认识和对待"双减"政策的出台。

## 第二节　"双减"政策带给家长哪些信息

"双减"是一个好政策，但要真正起到给孩子减压减负的效果，我们家长就必须要明确教育的最终目的：从国家层面来讲，是为了未来的国家更加强大；从个体家庭的角度来讲，是使孩子未来的生活更加美好。

"双减"政策的出台，给我们家长带来了巨大的影响，有直接的，也有间接的。

"双减"政策给我们家长的信息是丰富的,有9条11处直接提到"家长":

1.构建教育良好生态,有效缓解家长焦虑情绪。

2.积极回应社会关切与期盼,减轻家长负担。

3.家庭教育支出和家长相应精力负担1年内有效减轻、3年内成效显著。

4.严禁给家长布置或变相布置作业,严禁要求家长检查、批改作业。

5.学校和家长要引导学生放学回家后完成剩余书面作业,进行必要的课业学习,从事力所能及的家务劳动,开展适宜的体育锻炼,开展阅读和文艺活动。

6.家长要积极与孩子沟通,关注孩子心理情绪,帮助其养成良好学习生活习惯。

7.不得泄露家长和学生个人信息。

8.办好家长学校或网上家庭教育指导平台,推动社区家庭教育指导中心、服务站点建设,引导家长树立科学育儿观念,理性确定孩子成长预期,努力形成减负共识。

9.依法依规严肃查处各种夸大培训效果、误导公众教育观念、制造家长焦虑的校外培训违法违规广告行为。

内容涉及孩子的作业负担、亲子关系、课余时间的利用、校外培训机构的规范、家校社协同等方面。

总体上讲,"双减"政策带给我们家长的是福音,具体表现在:

1.过去家长比较重智轻德,或者重视孩子的学习成绩而忽视孩子的体育锻炼、劳动教育、审美教育。

"双减"政策的出台,将引导家长摒弃"唯分数""唯升学"的观念,改变用分数给孩子贴标签的做法,有机地把德、智、体、美、劳融合起来,提高孩子的综合素质。

"德"就是引导孩子养成良好的思想道德、心理素质和行为习惯,立志扎根人民、奉献国家。

"智"就是向孩子传授系统的现代化科学基础知识和技能,大力提高孩子的科学文化水平,培养孩子的科学态度,积极发展孩子的智力,尤其是创造性思维能力,培育孩子勇于探索的精神,发展孩子多方面的兴趣和才能。

"体"就是引导孩子牢固树立健康第一的思想,养成良好锻炼习惯和健康生活方式,锤炼坚强意志,培养合作精神。

"美"就是促进孩子形成艺术爱好、增强艺术素养,全面提升孩子感受美、表现美、鉴赏美、创造美的能力。

"劳"就是培养孩子崇尚劳动、热爱劳动,热爱劳动人民的情感,让孩子在实践中养成劳动习惯,学会劳动、学会勤俭,掌握一定的劳动技能。

2.教育公平是社会公平的基石,而原来学科类的校外辅导和学校教育发展的不均衡影响了教育的公平。基础教育不能因为资本加持成为少数人的专利。

在"双减"政策的背景之下,我们的孩子将接受相对公平的教育。"利用国家和各地教育教学资源平台以及优质学校网络平台,免费向学生提供高质量专题教育资源和覆盖各年级各学科的学习资源,推动教育资源均衡发展,促进教育公平。"

教育公平是社会公平的一部分。随着教育改革的深入,将进一步涉及教育评价、就业引导。让孩子将来进入社会后一样能找到合适的位置,创造价值,这就最大化地实现了社会公平。

3.许多家长认为教育的责任在学校,简单地把孩子推给学校,孩子的学习、教育完全依赖学校。与此同时,许多家长还把孩子推向了校外教育辅导机构。

"双减"政策的出台,要求进一步明晰家庭、学校、社区育人责任边界,加强家庭、学校、社区沟通,创新协同共育方式,推进协同育人共同体建设。

教育部门还会同妇联等部门办好家长学校或网上家庭教育指导平

台，推动社区家庭教育指导中心、服务站点建设，发挥家庭教育的独特优势，引导家长树立科学的育儿观念，理性确定孩子的成长预期，努力达成减负共识。

4.原有的校外辅导收费较高，造成了家庭教育成本过高，给许多家庭带来了经济压力，降低了家庭的幸福指数，也影响了亲子关系和家庭和睦。

"双减"政策明确要求有效减少"家庭教育支出"。为了既减少家庭教育支出，又能让孩子们放学后有辅导，能顺利完成作业，于是学校跟进开展了课后延时服务。学校开展的课后延时服务缴费较低，这就减轻了家长的经济负担。

还有，孩子放学的时间较晚，节假日和周末又不允许校外辅导班开班，大多数孩子就去不了校外辅导班了，这就降低了普通家庭的教育投入，让更多的家庭以相对低的教育成本养育孩子。

5.过去，学校部分老师要求家长监督、批改孩子的作业，把家长当助教辅导孩子作业，让家长苦不堪言。

"双减"政策出台后将家长从作业中解脱出来。一方面，"双减"政策明确"严禁给家长布置或变相布置作业，严禁要求家长检查、批改作业"，这就解脱了家长直接参与作业，甚至是"做作业"的负担。另一方面，"双减"政策专门单列一项任务，推进课后服务，这就解脱了家长间接参与作业的负担。小孩子放学回家后，没有书面家庭作业，将大大减少家长在孩子作业方面的精力投入。

还有，"双减"政策明确"依法依规严肃查处教师校外有偿补课行为，直至撤销教师资格"，这将有力地防范"课上不讲课外讲"现象的发生，减少了家长对学校老师的怨气。

另外，"双减"政策还强调推进义务教育优质均衡发展，"大力提升教育教学质量，确保学生在校学足学好"，强调"提升学生在校学习效率"，坚持零起点教学，"做到应教尽教"，这样学校的主体作用越彰显，家长越放心。

6."双减"政策出台以前,校外辅导鱼龙混杂,良莠不齐,特别是有些校外教育机构与名校结成联盟,泄露家长和学生信息,故意渲染教育焦虑情绪。

"双减"政策的出台,强调"不得占用国家法定节假日、休息日及寒暑假组织学科类培训",强调培训机构不得泄露家长和学生信息,免得家长不断被此类信息打扰,还就加强校外培训广告管控提出了多方面要求,防止渲染焦虑情绪。

同时,"双减"政策明确"线上培训要注意保护学生视力,每课时不超过30分钟,课间间隔不少于10分钟,培训结束时间不晚于21点"。这既满足了孩子个性化发展需求,又把保护孩子的视力和身体当作培训机构和家长共同的责任。

另外,"双减"政策强调了"坚持校外培训的公益属性",通过纳入政府指导价管理,明确收费标准等方法,坚决遏制过高收费和过度逐利行为,对预防"退费难""卷钱跑路"等问题提出了应对措施。这是保护我们家长的合法权益,让家长放心的全面配套施策。

7.以前的校外辅导,整体上讲,不是补课,是超前上课,具有拔苗助长的特性,其效果因人而异。

"双减"政策的出台,提出了"引导家长树立科学育儿观念,理性确定孩子成长预期,努力形成减负共识",这既是"双减"工作最终取得成效、人民群众满意的标志,也是"双减"工作长效治理的重要决定性力量。

"双减"政策减轻学生过重的作业负担,不等于没有作业负担,而是要求学校教育对作业设计进行优化和管理,这就要求我们家长也要理性面对孩子的作业,既不要鸡娃,也不要放手不管,而是要引导孩子学会学习、学会生活,培养孩子学习的主动性和自觉性,让孩子具备终身学习的能力。

总之,"双减"减轻了孩子学习的负担,却没有减掉学习的目标,我们家长只有摆正好心态,才能真正理解"双减"政策,适应未来的教育模式。在"双减"政策之下,我们家长要让孩子在学习文化知识之余,努力发展特长和兴趣,掌握多项技能,越走越远。

## 第三节 "双减"政策带给家长哪些焦虑

"双减"政策出台之前,不少家长为了孩子的教育而困惑、焦虑,可以说是身心俱疲。《中国青年报》上刊登的调查文章就说明了这一点。

共青团中央宣传部和中国青年报社社会调查中心开展了"全国义务教育阶段学生家长'双减'政策态度"调查,共有511 043名家长参与。

调查显示,在孩子的教育问题上,87.0%的受访家长感到焦虑,73.2%的受访家长表示焦虑来源是自己的能力很难辅导好孩子,53.1%的受访家长认为是课外培训产业化,资本营销了太多"不补就落伍"的焦虑,48.7%的受访家长觉得因收入所限,怕给不了孩子最好的教育资源,48.2%的受访家长认为焦虑来源是中考升学机制,普通高中和职业学校1∶1分流,担心孩子早早就被"职业"定位了。

其他还有:义务教育阶段抢跑太普遍,不得不被裹挟着往前跑(44.0%),择校压力,所在地域教育资源严重不平衡(36.6%),课堂教学质量不高,既有人学不懂,也有人"吃不饱"(35.2%)等。

(来源:《中国青年报》2021年9月16日第10版《"双减"实施后72.7%受访家长表示教育焦虑有所缓解》,黄冲等)

"双减"政策出台之前,很少有家长不焦虑。况且,除了家长焦虑之外,学校校长和老师也都焦虑。在这样的教育生态下,导致了部分孩子厌学,有些家庭教育变得恶劣。

如今,"双减"政策出台了,将对构建良好的教育生态和驱动教育高质量发展起到积极的作用。这无疑对孩子、家长来说是好事,孩子开心了,因为孩子周末可以不用去校外辅导班了,或者埋在繁重的作业堆里了,有更多的时间发展自己的爱好、特长。家长也开心,因为家长不用为上辅导班而接送孩子了,还减轻了家庭经济负担。

那么,"双减"政策实施以后,家长心中的焦虑会随之消解吗?或者说,又产生了哪些新的焦虑呢?

在"双减"政策之下,孩子的自由时间多了,与家长相处的时间增多了,家长看到孩子玩耍的时间多了,家庭的经济负担也减轻不少,总体上讲,家长心中的焦虑感有所缓解。

我们还是继续看前文提到的《中国青年报》上的文章吧!

调查显示,"双减"政策实施后,72.7%的受访家长表示教育焦虑有所缓解(34.3%的受访家长表示缓解很多,38.4%的受访家长表示缓解一点)。

另外,有6.5%的受访家长表示更焦虑了。15.1%的受访家长表示没怎么缓解,5.7%的受访家长表示一直都不怎么焦虑。通过交互分析调查者发现,家庭收入处于中游的受访家长表示有所缓解的比例最高,达到了73.7%。

目前来看,中等收入人群也是受"双减"政策影响最深的群体,但和网上流行的观点不同,本次调查发现,"双减"政策给中等收入群体带来的不是焦虑加深,而是焦虑缓解。

(来源:《中国青年报》2021年9月16日第10版《"双减"实施后72.7%受访家长表示教育焦虑有所缓解》,黄冲等)

虽然家长心中的焦虑有所缓解,但是,孩子小升初、初升高、高升大还在,这是我们家长无法回避的问题,升学的压力并没有发生根本性的改变,随之而来的还有陪伴、教育管理责任、体育锻炼、劳动教育等,这些落实到了我们家长身上,于是产生了新的困惑和焦虑。

1."双减"政策出台后,部分家长发现自己的负担更重了。这些家长认为,由于没有了辅导班或者网课,作业又减少了,孩子变得清闲起来,周末要出去玩耍,晚上也不用熬夜写作业了,这样,家长需要花更多的时间陪伴孩子、管理孩子。还有家长担心经济负担比以前更重,因为课外集中辅导取消了,只能采用费用更高的一对一辅导方式。

2."双减"政策出台后,部分家长由于没时间、没能力辅导孩子而焦虑。"双减"政策之前,有家长认为学校教的知识只能管"饱",若想吃"好",全靠校外辅导班,并把校外辅导班当作"救命稻草"。现在有了"双减",而自己又忙于生活或者生计,根本无瑕关注孩子的学习,担心会影响孩子的升学竞争力。还有的家长文化水平不高,也不懂教育方法,根本不知道如何管控与引导孩子的成长。这样,家长焦虑的"情绪稻草"就容易被点燃。

3."双减"政策出台后,许多家长认为孩子的升学没变,家长的压力没减。在"双减"政策之下,虽然孩子减负了,但并没有调整中考、高考,又无法接受去选择职高或者高职,家长仍然有升学的焦虑,孩子仍然有升学的压力,于是,有些家长还会想着法子给孩子补课。线上课程虽然只能在周一到周五上,但周末可以看课程回放;而线下"地下辅导班"仍然存在,少数家长还会去选择"一对一",或者请老师上门家教。这些家长的经济压力也还在。

4."双减"政策出台后,家长更不了解孩子的学习情况而心里不踏实。在"双减"政策之下,作业和考试数量的减少会让一些家长心里感到有些"空虚",反不如以前那样踏实了。尤其是考试数量的减少,使得家长可能不适应,因为考试成绩是检验孩子学习情况的重要指标。考试减少了,则意味着家长对孩子的学习情况掌握得更少了。即便有半期、期末考试,但不允许公布孩子的成绩,没有了参考对象,家长心里更没底了。

5."双减"政策出台后,有的家长看到别人家的孩子在学习而有了担忧。在"双减"政策之下,不可避免地会有一些家长自己给孩子"吃小灶",或者以各种隐蔽的方式给孩子请家教"一对一"辅导,这样一来,没有能力这样做的家长,或者不想这样做的家长,就会担心自己的孩子落伍,被别人家的孩子借机"超车",抢跑了升学赛道,自家孩子遭到被动性淘汰,在未来社会竞争和阶层划分中处于不利位置。

总之,大多数家长虽然支持"双减"政策,但具体到个人身上就可能是一种矛盾的心理,有焦虑的情绪,生怕自家的孩子输在"双减"政策上,成为"双减"政策的牺牲品。因此,如何消解家长心中的焦虑是一个很现实的问题,需要国家教育政策的跟进。

## 第四节 如何消解"双减"政策之下的新焦虑

"双减"政策对学校作业、课后服务、校外培训等提出了明确的改革要求,一石激起千层浪,学校教育已率先迈出了"双减"后义务教育改革的第一步。

家庭教育是整个教育体系的基础,是教育事业发展蓝图的底色,要消解家长对教育的焦虑,除了国家教育政策要跟进,我们家长自身也要在"双减"政策和《中华人民共和国家庭教育促进法》落到实处的"最后一公里"发挥作用,这也是改善教育内卷化,优化教育生态的重要环节,更是保护孩子、善待孩子的关键所在。

那么,家庭教育如何协同跟进,家长如何消解"双减"政策之下的新焦虑呢?

1.家长要认识新的教育环境。"双减"政策出台之前,无论孩子的学习是否出现困难,家长都会争抢着把孩子送进校外辅导班,抓住了"辅导"就像找到了拐杖,而今拐杖撤了,家长出现焦虑感是可以理解的。

"双减"政策还处于适应和完善阶段,相信国家将进一步细化该政策,制定出更具有针对性的完善细则,让家长感到放心。国家出台的《中华人民共和国家庭教育促进法》,以及教育部体育卫生与艺术教育司领导提出在"双减"落实的同时也要推动"双增",就说明国家教育政策的整体性、统一性。

家长要认清新的教育环境,实事求是地评估自家的孩子,早一点为孩子规划未来的方向。要积极和学校的老师沟通配合，做好后勤保障工作，特别是不要将焦虑情绪传递给孩子。家长只有真正从内心深处意识到"双减"政策的重要意义，从行动上支持和维护它，才能托举起孩子美好的明天。

2.家长要树立家校共育理念。"双减"政策出台之前，在"唯分数"的评价机制下，家长成为老师的助教，家庭教育成为学校教育的第二课堂，孩子在外部强大的压力下被动地、机械地负重前行。

在"双减"政策背景之下，校外提前学习、培优补差，校内死记硬背、机械刷题已成为过去时，家长应当从对"唯分数、唯升学"的过度追逐中转身，将智育和德育、体育、美育、劳动教育结合起来，统筹兼顾。

"双减"政策正在快速地解构原先错位的家校关系。家长要认可学校在知识教育中的主体作用，信任学校接管作业辅导、课后服务的专业性，把指导孩子课程学习的权力、时间、责任还给学校。要帮助孩子适应学校发生的新变化，提升课堂专注力，重视校内学习的有效性，注重培养孩子的自主学习能力，引导孩子学会独立思考，主动检视孩子学习中的问题或困难，善于与学校老师交流沟通，寻求老师的指导和帮助，多倾听老师的评价和建议。

3.家长要尊重孩子的个性差异。"双减"政策出台之前，我们许多家长把升学当作孩子获得幸福的唯一选择，认为孩子不能输在起跑线上，担心自家孩子被甩在后面，拼命把孩子送进重点学校，拼命让孩子刷题，拼命去校外辅导班，用增分代替育人。这样，既让家长付出了大量财力和精力，也让孩子苦不堪言。

"双减"政策出台后，家长要相信孩子，每个孩子都有自己的人生路径。家庭教育的法宝不是寻找最高效的教育方法，而是接纳独一无二的孩子，与之朝夕陪伴，寓教于生活，全面关切孩子的身心健康、道德情感、艺术审美、创新精神、实践能力等。

家长既要重新认识教育环境，还要重新认识自家的孩子，用慧眼捕捉孩子的潜力和特长，并加以积极利用和引导，发展孩子的优势，培养孩子的自信心。家长要正视孩子的不足，鼓励孩子在挑战自我的过程中磨炼意志、完善心智。家长要培养孩子的兴趣爱好，让兴趣爱好带给孩子优质的情绪，成为孩子遇到艰难困苦时的慰藉和不断前行的动力。

4.家长要重视家庭环境的营造。"双减"政策出台之前，很多家长在剧场效应、标配思维的裹挟下既无奈，又焦虑。孩子每天深陷题海，无休无止地奔赴校外辅导班，对分数、升学的过度聚焦牺牲了家庭多元化的美好生活和亲子情感。家庭教育环境显得色彩单一，家庭生活显得单调乏味。

在"双减"政策的背景之下，孩子从减少繁重作业和减去校外辅导班中释放出来的时间为重新回归丰富的家庭生活提供了可能。家长要从减轻家庭教育支出和相应精力负担后，重新回归到如何规划美好、快乐的家庭生活，思考孩子的生涯规划和美好未来的初心上来。

家长要满足孩子的健康需要，比如充足的睡眠、适当的体育锻炼等，孩子的身体好才是一切发展的根本。要重视亲子关系、情感互动，在交流沟通中了解孩子的思想动态，关注孩子的心理健康，让孩子保持积极阳光的心态。要增加实践活动，孩子在学校学习的间接经验、抽象知识需要在具体的自然、社会、家庭环境中还原、共鸣、升华。最重要的是，家长要言传身教，做终身学习的践行者，通过亲子阅读、亲子劳动等方式潜移默化地影响孩子，激发起孩子可持续发展的动力。

总之，要想消解"双减"政策之下的新焦虑，既需要国家出台相应的配套措施，也需要我们家长真正了解"双减"政策，重新审视家庭教育的责任和未来。还要学习家庭教育理论知识，提升对家庭教育的认知水平，改变过去陈旧的家庭教育理念，检视自身的家庭教育行为，营造良好的家庭教育环境，构建和谐的亲子关系，在教育理念和行为上与学校教育达成一致，做好家校共育。唯有如此，我们家长才会不焦虑，才能发挥家庭教育独特的优势，为孩子的全面发展、健康成长提供强大而有力的支撑。

## 第五节 "双减"政策下的改变与不变

随着"双减"政策的出台,几家欢笑几家愁忧。

我们大多数家长虽然看到了"双减"政策给孩子的健康成长带来的积极意义,但是又看到"双减"政策改变的是孩子学习的一部分环境,整治的是那些对社会安定、国家发展、民族振兴有过度负面影响的现象,是对教育不正常生态的拨乱反正,然而选拔性考试还在,中高考升学仍旧存在。

这样,我们家长对孩子的学习成绩、升学情况不可能不管不顾。一方面,家长对减轻孩子过重的作业负担和校外培训负担,以及减少家庭教育支出和相应的时间、精力付出表示赞同;另一方面,家长也为孩子能否在规定的课堂学习时间内消化学习的内容,以及能否适应新的教育环境表示出深深的担心。

况且,无论怎么改变,都不可能减去孩子努力学习的需要。所以说,我们家长面临的是一道难题。

鉴于此,我们家长有必要厘清"双减"政策带来的改变与不变,这对于消解我们家长的焦虑、孩子的困惑具有极大的重要性、迫切性、必要性。

1. 改变的是形式,不变的是初衷。随着"双减"政策的出台,大的教育环境已发生改变,有三个方面的表现形式最为明显:一是原有的校内减负校外增负,辅导班遍布城市的各个角落,把"雾里看花"的家长当韭菜割的情况被整治;二是原来某些学校为了显示与众不同,人为拔高教学难度,小学上初中内容,初中上高中内容的情况被禁止;三是过去有的老师作业数量过多、质量不高、功能异化,既达不到温故而知新的效果,又占用孩子正常的休息睡眠、体育运动、家务劳动、娱乐玩耍时间的情况开始减少。

在"双减"政策的背景之下,看似要将孩子"放养",其实,既是要着眼建设高质量教育体系,强化学校教育主阵地作用,深化校外培训机构治理,重视家庭教育,构建良好的教育生态,又是引导教育回归理智化、正常化,促进孩子德、智、体、美、劳全面发展、健康成长的重要举措,这样充分彰显了国家坚持教育公益性、深化体制机制改革、加强人才资源储备、服务国家战略需要的初衷。

2.改变的是角色,不变的是期望。"双减"政策的出台,明确要求完善课后服务体系,规范校外培训方式、营造良好的教育生态氛围。这就要求家长转换教育孩子的角色:一是从盲目去校外教育机构处买"零食",还原为把家庭教育、学校教育当"主食";二是从极限赶娃跑,切换为主动陪娃走;三是从与学校竞技跑,转换为与老师接力赛,淡化学区房、开小灶、走捷径的思想意识;四是从家长只负责挣钱,把培养孩子的事全部寄希望于别人,转化为家庭教育日显突出,家长成为孩子成长路上的"重要他人"。

在"双减"政策的背景之下,我们家长的角色虽然已经发生改变,但是,望子成龙、望女成凤的期望没有变。我们家长响应减轻孩子作业负担的号召的同时,要加强重视培养孩子的综合素质;要放慢孩子考初中、高中、大学的"分数教育",注重亲子互动,增加与孩子的交流沟通;要努力培养孩子的学习能力,以及学习的主动性和自律性。也只有这样,我们家长对孩子的期望才能达成。

3.改变的是要求,不变的是标准。"双减"政策的出台,为家庭生活和教育赢得了更多灵活的时间和空间,提供了更多家长、孩子自主选择和掌控的机会。这给我们家长提出了新的要求:一是既要满足孩子玩得充足、睡得香甜,也要陪伴孩子成长,培养良好的亲子关系;二是既要督促孩子学好文化知识,也要带着孩子广泛参与家庭、社会生活和事务;三是既要重视孩子的学科学习,能够升学,也要重视孩子的非学科类兴趣的培养,学好音乐、美术等,强化生命教育、体育运动、劳动教育,亲近大自然,促进孩子全面发展。

在"双减"政策的背景之下,我们家长虽然有了新的要求,但是,从国家层面看,自中考、高考选拔考试制度实行以来,国家选拔高层次人才、优秀学者、尖端科学家,培养服务社会的岗位能手、大国工匠的标准从未改变。这是分配人力资源、实行分流节制、构建广泛包容社会服务体系的历史选择,也是必然选择。从家庭角度看,天下的家长都希望自家孩子幸福快乐、身体健康、职业光鲜的标准没有改变。

4.改变的是行为,不变的是尊重。"双减"政策出台后,要求我们家长树立科学的教育观、学习观、成才观,摆脱违背教育规律、盲目从众的教育行为。我们家长需要检视并改变自己的教育行为:一是要从过去那种教育过度功利化、短视化,转变为重视孩子的长远发展,培养其适应未来社会的关键能力;二是要从为了孩子能升学,开展教育大比拼,"只要学不死,就往死里学",调整为尊重孩子的个体特征,发展孩子的优势,培养孩子的兴趣爱好;三是要从把孩子当考试的"机器人",不断地刷题,转化为帮助孩子德智体美劳全面发展,健康成长。

在"双减"政策的背景之下,我们的家庭教育更要尊重教育规律,尊重不同阶段孩子的身心发展特点,尊重不同孩子的个性特征,更应注重培养孩子的核心素养、综合能力,让我们的家庭教育更具科学理性,更具反思觉察,更具可持续发展的眼光和智慧。

5.改变的是生态,不变的是协同。随着"双减"政策的出台,我们面对的大教育生态环境已发生改变,那么我们的家庭教育也应该随之调整:一是要进一步明晰家校的定位与边界,改变家校责任边界模糊不清,家校双方在教育实践活动中出现越位、缺位、错位的现象,这样才能减少家校关系出现紧张的可能;二是改变过去社区很少参与到关心社区孩子的工作中来的现象,要求建设家庭、学校、社区三位一体、协同一致、密切配合的教育生态,这样有利于共同为孩子撑起一片蓝色的天空。

在"双减"政策的背景之下,家庭教育不再成为学校教育的简单延伸,家庭教育的意义越发突出,并且还激活了社会教育的主动性和参与性,这样既保障了家庭、学校、社区协同的教育生态机制,还促进了家庭、学校、社区在履行各自的功能与职责的同时协同发展。另外,借助当前的信息技术优势整合资源,使教育和学习突破传统的时空束缚,真正以孩子为中心,为家庭教育提供了更广阔的空间、更多元的选择、更具个性化的支持,提高了孩子和家长的实际获得感。

总之,孩子是祖国未来的花朵,教育兴则国家兴,教育强则国家强。"双减"政策是教育改革的大动作,也是新征程,对家长、孩子来说既是挑战,更是机遇。

## 第六节 "双减"政策之下,有减也有加

"双减"政策的出台,并非一"减"了之,因为教育仍然有对孩子多元发展和持续发展的需求,有引领孩子提升生命质量、追求生命价值的需要。我们家长要做好加减法,要在作业负担上做减法,在全面育人上做加法。

在"双减"政策之下,孩子的校外辅导班没了,放学后、周末、节假日空闲时间多了,我们家长的责任加大了。家长要做好加减法,真正地做到个性化而全面地去培养孩子,让孩子拥有更丰富、更开阔的人生。

那么,我们家长如何在家庭教育中做好加减法呢?

1.家长要减焦虑感,加幸福感。"双减"政策出台之前,许多家长既为繁重的作业负担和过重的经济负担而焦虑,也为孩子的学习成绩、升学情况、前途命运而焦虑。有的家庭出现了"不写作业母慈子孝,一写作业鸡飞狗跳"的状况。

在"双减"政策之下,学校根据学段减少了作业或不做纸质作业,减少了考试,考试排名不予公布,严禁给家长布置或变相布置作业,严禁要求家长批改作业等。这样,过去"家庭作业变为家长作业"的现象没有了或减少了。我们家长要及时调整心态,减少教育焦虑感。

家长作为孩子的第一任老师,要明白身教大于言传,要学会及时转变自身的角色,以身作则,切实担负起自身的职责。现在时间充裕了,

要鼓励孩子多读书，要积极开展更多的亲子阅读。要多和孩子谈心交流，增进亲子关系，激发孩子的生命价值感。要营造良好的家庭氛围，塑造良好的家风，增加家庭环境的书香气，丰富孩子的家庭作业，培养孩子的兴趣爱好，搭建平台让孩子在学习、生活中有收获感、成就感。这样，家长和孩子就会感受到家庭教育的幸福。

2. 家长要减金钱投入，加精力投入。"双减"政策出台前，许多家长跟风让孩子进入校外教育辅导班，希望孩子早起步、起好步、早成才，"两岁学英语""周末五个班"等成为家长追逐的行为，也常常成为家长引以为傲的资本。家长习惯花钱抓教育，把教育当消费。这样一来，辅导班的收费越来越贵，家长的经济压力越来越重，孩子的压力越来越大，孩子、家长都出现了内卷。

"双减"政策出台后，校外教育机构受到限制和整顿，家长就应该认清形势，及时调整教育投资方向，减少功利化的金钱投入，增加对孩子思想道德、生活习惯、意志品质等方面的关注和非学科类的投入，注重培养孩子的综合素质和综合能力。

在"双减"政策的背景之下，孩子的空闲时间多了，家长要利用好孩子的这些时间，花更多的时间和精力陪伴孩子，在精神上、意志上、爱好上"陪跑"，和孩子一同做规划，带领孩子一起阅读、一起游戏、一起劳动、一起运动、一起到户外走走看看，让孩子养成自觉、自律的好习惯，培养孩子独立、健全的人格，引领孩子形成正确的人生观、价值观。

3. 家长要减目光短浅，加眺望远方。"双减"政策出台前，社会生活中确有少数家长目光短浅，被社会不良风气裹挟，过度在乎眼前的教育成绩或利益。有的家长告诫孩子："你只管好好学习，其他的不用管。"功利化的家庭教育必然培养出奉行精致利己主义的孩子，或者损害孩子的身心健康。"双减"之后，也有家长觉得孩子没有作业、没培训了，担忧孩子学习落下。

教育的事，本来就不可能立竿见影，非短时间能够完成。重视孩子的学习成绩没错，但不能"唯分数论""唯升学论"，不能急功近利。家长要立足家庭教育的具体条件,结合自家孩子的情况,着眼于孩子的长远发展和未来幸福。

在"双减"政策的背景之下,家长要眺望远方,科学教育、面向未来。一是要加强自身的学习,尊重教育规律和孩子的成长规律,领会教育是慢的艺术的道理;二是要把孩子当鲜活的生命体,要根据孩子的个性"有的放矢"地教育;三是要教育孩子学会做人,培养孩子优质的情感态度,学会感恩孝敬、谦恭有礼,懂得自信、自主、自立、自强;四是要着眼孩子的可持续性发展,帮助孩子形成独立的人格和树立远大的理想;五是要重视孩子习惯的养成,培养孩子良好的学习、生活、劳动、运动等习惯。

4.家长要减盲目跟风,加因材施教。"双减"政策出台前,很多家长其实没有真正地了解孩子、关心孩子,而是只关心考试分数,或者被社会上不正常的教育观念所裹挟,跟随社会流行节奏,盲目去辅导班。

如果孩子本不是学霸的材料,硬是要当成学霸,其实就是对不起孩子,还会伤害孩子。如果我们的孩子,他的特长是做技术工作,那么这个工作本身就有意义和价值。其实,了解我们孩子的优势和特长比在乎孩子的考试分数更重要。

在"双减"政策的背景之下,我们家长要理性、冷静,不要盲目跟风,不要受周围环境的太多影响。一定要考虑孩子的情况,了解孩子的个性特征,让孩子做自己最擅长的事。某些事开始看起来很艰辛,或者是社会地位不高,但是如果孩子喜欢或者有这方面的天赋,最终孩子一定会做得好,获得成绩。人生从来都不是由高考决定的,也不是由"起跑线"决定的,人生是一场马拉松。家长不要让自家孩子赢了"起跑线",却输了人生。家长一定要从长计议,而不是按短暂的、现实的评价标准来判断。

总之,在"双减"政策之下,学校教育、校外教育机构会接受社会监督,家庭教育的地位越发凸显,家长要及时调整,跟随时代,落实好"减"和"加",培养有用的人才,让我们家庭的未来充满希望。

# 第二章 "双减"政策之下,如何转变教育理念

"双减"政策的出台冲击着家庭教育,每位家长都面临一次新的考验和选择。如何做好家庭教育呢?我们家长的教育理念应该先行,调整到合乎教育规律和孩子成长规律的"频道"上来。这样,家庭教育的开展才可能与时俱进、科学合理。

家长的家庭教育理念直接影响和决定着孩子的基本素养和发展方向。

随着信息时代的到来,家庭教育也被提到前所未有的高度,许多家长把大部分甚至全部的精力、物力、财力都倾注在孩子身上,"望子成龙、望女成凤"成了家长的最大愿望。愿望是美好的,现实却总是残酷的。家长如果没有一个正确的教育理念,盲目、随意地开展家庭教育,可能会适得其反,事与愿违。

要实施好家庭教育,就必须努力学习家庭教育的相关知识,学习家庭教育成功的经验,树立正确的家庭教育理念。在"双减"政策之下,教育的大环境已发生革命性变化,对家庭教育提出了新的要求,我们家长更需要紧随时代,转变家庭教育理念。

本章与家长谈谈"双减"之下,我们家庭教育理念的转变。我们家长要把"双减"当成家庭教育回归的契机,要把孩子当作鲜活的生命,要重视孩子个性化而全面的发展,看待孩子的学习成绩和升学要理性,对

"双减"后，我们需要怎样的家庭教育

孩子的学习期望值要适度，要珍视孩子未来发展的无限可能性，不要盲目地拿自家孩子与别人家的孩子攀比，"双减"既不是让家长放养孩子，也不是家长自我放飞。

## 第一节 "双减"是家庭教育回归的契机

家庭教育是大教育的一部分，是学校教育与社会教育的基础。家庭教育是终身教育，在人的一生中起着奠基性的作用。孩子上了小学后，家庭教育既是学校教育的基础，又是学校教育的补充和延伸。

可是，近年来，随着我国社会转型速度的加快，家庭教育暴露出一系列突出问题。一是许多家长存在不同程度的养育焦虑；二是部分家长不知道用什么方法教育孩子；三是有的家长过于关注学习，缺乏对孩子思想品德、行为习惯的养成和劳动、运动等能力的培养。

故此，许多教育人士提出，新的时代，孩子出生、成长的环境变了，家庭教育的重要性日益突出，应当重视家庭教育。全国"两会"上，全国政协常委、民进中央副主席朱永新表示，大部分家长都没有接受过科学育儿知识的培训指导。家庭教育需要立法，让更多家长"持证上岗"，要更加注重家庭教育理论研究、人才培养、学科建设等。

"双减"政策的出台是对我国教育格局的重大调整，需要教育观念大变革，既涉及学校教育，也影响到家庭教育。

"双减"政策之下，孩子回家作业变少了，空余时间变多了，如何让这些"多出来"的时间更有益于孩子的健康成长，这为家长、孩子提供了思考和改变的契机。

那么，我们家长如何抓住机会让家庭教育回归本真呢？

1. 改变心态。我们家长要认真研读"双减"政策，了解"双减"政策出台的背景、原因、目的和对教育带来的影响，为改变自己做准备。

"双减"政策之下，原本习惯了对孩子进行各种填鸭式辅导的家长，现在有了大把的空闲时间,反倒产生了新的焦虑。这种心理状态的出现,一方面主观上与多年来家长的习惯性认知有关,面对孩子升学考试的压力,对突如其来的"放松"难以适应;另一方面,由于缺乏相应的家庭教育综合能力,客观上也让一些家长力不从心。不管怎样,家长都要调整心态,力争转变教育理念,以适应新的教育环境。

家长要从改变孩子的课后学习方式开始,引导孩子从被动学习到主动学习,从他律到自律。

家长还要从过去只看重学习到重视孩子的全面发展,提高孩子的综合素质。家长要用心用情陪伴孩子,和孩子一起阅读、一起劳动,讨论交流、分享感受,在潜移默化中将期望和价值观传递给孩子。周末和假期家长还可以带孩子一起出游,一起参加户外运动等。高质量的有效陪伴是家庭教育的关键。

2. 因材施教。家长要分析自己孩子的特点,通过不断的尝试和鼓励,重点培养孩子的自主学习能力,激发其学习热情。

如果家长违反因材施教的规律,追求贪多求全的"填鸭式"教育和超越个体"最近发展区"的拔苗助长,只会导致孩子的厌学情绪。

家长要不断地与孩子进行沟通,一起分析问题,多倾听、多讨论。只有适合孩子的教育方法才是最好的方法,适合孩子的培养目标才是最佳的目标。

家长要知道,孩子的未来并不是只有一座"独木桥"可走,相反,有无数的"立交桥"。家长应当降低对孩子学习成绩的"竞争焦虑",并且要尊重孩子的个性特长,把关注的重点从"别人家的孩子"转移到"自己家的孩子"身上来,发现孩子的特点,挖掘孩子的优点,根据孩子的兴趣特长顺势而为,尊重并培养孩子的自主性。孩子只有成为自己人生的主人,才有可能成为人生最后的赢家。

3. 告别"唯分数论"。在"双减"政策之下,家长需要多观察、多反思,进行一次教育理念的新启蒙,既要了解国家的教育法律法规,又要理解和支持国家有关"双减"的政策文件。

家长不要掉进功利化、短视化的陷阱,过度看重分数的高低,并靠时间加汗水来提高孩子的分数,这样肯定不利于孩子个性化的、全面的、长远的发展。家长要明白,只关注学业成绩是有风险的,孩子的成长过程不能单单有学科学习。

家长要在周末和节假日开展更多的亲子活动,让孩子参加有意义的家务劳动和体育运动。家长不应把家庭教育的目标等同于学校教育的目标,也不应当直接套用学校教育的方式来实施家庭教育。

"双减"政策出台后,家长不能减家庭教育的责任。"双减"政策的目标是减轻孩子过重的学业负担,减少对孩子学习成绩和排名的过度在乎,让孩子回归正常的学习状态,让教育回归正常的生态。

4.全面发展。在"双减"政策之下,家庭教育应更关注孩子的全面成长,更注重家长的言传身教和以身作则。

家长要帮助孩子放下手机,主动承担起孩子"生活老师"的责任,尝试着引导孩子参与家务劳动、亲子阅读等活动,培养孩子的良好品德、优质情感、责任意识、表达能力和实践能力等。

要尽可能抽出时间与孩子一起运动,并培养一些音乐、美术方面的兴趣,让孩子身体更加健康,人格更加健全,爱好更加广泛。

特别要教育孩子如何做人,要通过家庭教育,让孩子具备与他人、与社会、与自然和谐相处的能力。注重对孩子的基本生活能力、社会理解能力和适应能力的培养,重视让孩子成为独立的人,终极目标是让孩子获得幸福。

总之,"双减"政策出台后,家长应抓住契机,把培养孩子健全的人格、适应社会的关键能力作为家庭教育的主要目标,让孩子有自我、有兴趣、有朋友、有爱心、有追求。引导孩子平衡好学习和生活的关系,带领孩子在生活中学习,在学习中生活,更多地体验生活之美、学习之乐。唯有如此,家长才能回归平常心,家庭教育才能回归本真。

## 第二节　孩子是鲜活的生命

"你已经是学生了,不要一天要玩具了,把书拿出来读!"

"爸爸那时家里穷,经常要帮家里做事,所以没考上大学,你要争气,考上大学!"

"你看,别人家的孩子成绩多好!你怎么这么笨?"

"这次考得好,给老妈争了光,说,想吃什么,老妈给你煮。再努一把力,争取下学期考第一名。"

"喂,怎么这么磨蹭,办件事都办不好。怎么还没动手啊?真让我操心!"

"快点,今天上午先去少年宫学语言,再去学英语,中午我们在外面吃,下午去学美术,不能输在起跑线上啊!"

"别看电视了,把眼睛看坏了,只知道看看看,快去做作业,真是听不进人话!"

"有没有把书包整理好?有没有完成作业?自己想想,不要少做了,知道吗!"

"你怎么考这么差,看来不打不成才,晚上老子再找你算账!"

……

这些话,在日常生活中我们会经常听到。

不知何时,我们家长为了孩子的未来而焦虑,总想支配孩子,于是,许多孩子成了我们家长可支配的物品,成了我们圆梦的工具,成了我们的面子,被我们随意差遣。

不可否定,我们很多家长有良好的愿望,有"望子成龙,盼女成凤"的追求,但教育的理念不对、教育的方法不好,没有认识到孩子是鲜活的生命。

"双减"政策的出台为我们改变家庭教育提供了最好的机会,我们家长要努力让家庭教育回归本真。

"双减"政策之下,我们应该转变家庭教育理念。要了解孩子的身心成长规律，要理性规划孩子未来的发展方向，而不是盲目送孩子参加校外辅导。认识"孩子是鲜活的生命"是我们家长进行良好家庭教育的前提。

孩子是联系夫妻之间感情的纽带，可以增进家人的幸福感。

孩子的人生是属于孩子的，不是我们家长的翻版，孩子应该有自己的道路。我们对孩子不能占有，不能让孩子完全按照我们的需求来行走，不能信奉"子从父命"。

我们要树立正确的成才观，做孩子的引路人。在给孩子规划未来时，应顺其天性，由其自然。应根据自家孩子的性格禀赋和素质潜力，理性帮助孩子确定目标，保护好孩子的学习兴趣和好奇心。应根据自家孩子的实际发展潜力，合理规划成长过程，这样，孩子才会有自己的精彩人生。我们切忌逼着孩子去做力所不能及的事情。

孩子是家庭的希望，只有把孩子当鲜活的生命，对孩子的期望才可能转变成家庭的希望，带给家庭快乐幸福。

对孩子真正成功的最终评价是孩子的人生幸福。只有孩子拥有了强健的体魄和健康的心理，才能从容应对学习、生活和将来工作中的困难和挑战，才能拥有幸福的人生。

我们不应把追求学业成绩作为唯一目标，而应把孩子的生命安全、身心健康作为基础要求，把实现人生幸福、为社会和家庭做贡献作为最重要的发展目标。

孩子是上帝送给我们家长最珍贵的玩伴。孩子既不是家长的附属品，也不是供家长任意摆弄的物件。孩子的出生让我们的生活变得丰富，可以调节家庭气氛，增添热闹和生气，使夫妻之间多了情分。

世界上没有两片完全相同的叶子，没有完全相同的山川河流。孩子与孩子之间总是不同，有性别的不同、性格的不同、高矮的不同、胖瘦的不同、成长环境的不同等，这些不同带来了孩子的个性发展的差异。

我们家长要清楚地认识到孩子之间的差异，知晓自家孩子的个性特点，尊重孩子的个性成长需求。正如纪伯伦所说："你们的孩子并不是你们的孩子,他们是生命对自身的渴求的儿女。他们借你们而来,却不是因你们而来,尽管他们在你们身边,却并不属于你们。你们可以把你们的爱给予他们,却不能给予他们思想,因为他们有自己的思想。你们可以建造房舍荫蔽他们的身体,却不能遮盖他们的心灵。因为他们的心灵栖息于明日之屋,即使在梦中,你们也无缘造访。"

总之,家庭教育应该从尊重鲜活的生命开始,这样才能让孩子拥有认为生命美好的心境,培养出有梦想、有爱心、负责任、懂幸福、会创新的孩子。家长要做的,无非就是对生命多一份敬畏心,认清生命个性的现实,并接纳现实。家庭教育要追求的,并不是非要把一棵小苗培养成参天大树。如果能培养出一株能适应各种天气、为大地增添一点绿色的小草,也是一件高兴的事。

## 第三节　孩子应当个性化而全面地发展

每个孩子有自身的个性化的发展,同时,每个孩子属于社会,要想适应未来社会,就必须全面发展。

"双减"政策之下,我们家长如何让自己的孩子获得个性化而全面的发展呢?

首先,我们家长要搞清楚什么是个性发展和全面发展。

孩子的个性不是生来就有的,而是在孩子的生理素质的基础上,在一定社会历史条件下,通过实践活动逐渐形成和发展起来的。个性化发展是适应孩子个性的发展。

所谓孩子的全面发展,是指孩子德、智、体、美、劳各方面和谐的发展。

孩子的个性化而全面的发展与畸形发展、片面发展是相对的,是对孩子的完美、和谐发展的要求。

其次,在"双减"政策之下,我们家长应让孩子获得个性化而全面的发展。

1.塑造孩子的性格。性格是人生成败的重要因素。如果性格有缺陷,往往会导致悲剧人生。即使我们不求孩子显赫,甘愿平淡,也应该培养孩子乐观、坚强、自信地生活。

人的性格受先天遗传影响,但是更多是后天的培养。作为家长,我们要注意观察孩子的一言一行。如果孩子不苟言笑,不爱活动,显得过分沉闷,那就要多与孩子交谈沟通,并鼓励其多与同学、朋友交往。如果孩子不自信,干什么都怕人家笑话,那就要循序渐进地引导、鼓励、表扬孩子。如果孩子胆子小、吃不了苦,除了鼓励孩子多参加亲子活动外,还要利用节假日、假期,多带孩子走出去看看,陶冶孩子视野、开阔孩子的眼界。

2.激发孩子的热情。我们家长要找到孩子的热情所在,并鼓励孩子全力以赴地去追求。找到孩子热情是一个辛苦而又玄妙的过程,需要家长细心观察,并给孩子一定的自由空间。

家长要告诉孩子做选择时不要考虑地位、回报或收入,要问孩子心中喜欢还是不喜欢、愿意还是不愿意。家长不要仅盯着考分、成绩,而要观察和发现孩子独特的禀赋、潜质、爱好,点燃孩子内心的火焰,找到孩子成长的方向,并用说服、鼓励、赏识等教育方法把孩子的热情激发出来。天赋固然重要,但后天的教育引导、勤奋努力才能让孩子产生热爱。

3.找准孩子的兴趣。帮助孩子找准自己的兴趣、爱好,这是令我们家长苦恼的事。究竟是让孩子上特长班学琴、学画,还是让孩子去辅导班学英语、学奥数,这一直是许多家长纠结的问题。

其实并没有普遍适用的方法,关键是我们家长要从孩子的兴趣和条件出发,顺其自然,因材施教,而非强加于孩子。逼一个爱画的孩子去学琴,不可能有好的结果。如果孩子表现无常,爱好变化,就需要对孩子的情况做具体分析,不宜笼统地下结论。在最理想的情况下,家长能为孩子做的是提供尽可能宽松的成长环境,在家庭教育中鉴别和认识孩子真正的兴趣,加以引导和培养。

4.培养孩子的习惯。教育的目的之一就是培养孩子的良好习惯。习惯对于孩子的生活、学习,以至将来事业上的成功而言都至关重要。孩子的许多习惯未定型,是养成良好习惯的关键时期。

孩子的心灵是一块神奇的土地,播种一种思想,就会收获一种行为;播种一种行为,就会收获一种习惯;播种一种习惯,就会收获一种性格;播种一种性格,就会收获一种命运。孩子习惯的养成主要在家庭里,我们家长应该注重在日常生活中培养孩子的各种良好习惯。习惯是一种惯性,也是一种能量的储蓄,只有养成了良好的习惯,才能发挥出巨大的潜能。为了孩子的健康成长和终身的幸福,我们家长需要高度重视孩子习惯的养成教育。

5.培养孩子的体验。孩子要全面发展,不仅要学好书本上的知识,还要不断丰富其社会实践经验和掌握日常生活中的实用知识、技能,否则,长大后就会成为所谓的"书呆子",缺乏生活的自理能力,影响生活的质量。

我们家长要让孩子多参加生活体验活动。平常要带着孩子一起做家务劳动,让孩子熟悉生活常识,提高生活自理能力;节假日要抽出一定时间陪伴孩子到商店、农村等地去帮忙,有条件的还可以带着孩子一起外出旅行,让孩子开阔眼界,增长见识,正所谓"读万卷书,行万里路"。家长还要让孩子在体验中注意观察日常生活中的点点滴滴,感受"一花一世界"。

最后,我们家长应处理好个性化发展与全面发展的关系。

目前,家长总体上偏重于全面发展,忽视了孩子的个性化发展。家长应当根据孩子的实际情况处理好个性化发展与全面发展的关系。

"教育即生长",在"双减"政策之下,我们家长不能一味盯着孩子的学习,只追求考试的成绩和排名,而是要让孩子有自己的兴趣爱好,有独立判断的能力,有自己的选择能力,要着眼于孩子德、智、体、美、劳的全面发展。但是要注意,不能把全面发展理解成全才发展,把孩子视作容器,什么都往里面装。

家长要因材施教,引导孩子往自己喜欢的方向发展,挖掘孩子的内在潜能,把孩子的天赋发展成为特长。要让孩子的天性得到释放,家长就要为孩子的个性发展尽可能地提供条件。孩子爱好某一方面,在某一方面有特长,就应该鼓励并积极培养。需要家长保持清醒的是,不要把孩子的"任性发展"当成个性化发展看待。

## 第四节　理性看待分数与升学

从孩子踏入校门开始,孩子考试后的分数、排名就会一直相随着我们家长的生活,影响我们的情绪变化。

对于大多数家长来讲,孩子的成绩有进步时高兴,孩子成绩退步时烦心。当孩子考得好时,一些家长就把孩子捧上天;当孩子成绩有进步时,他们看见谁都喜笑颜开,主动示好。反之,当孩子考得差时,就把孩子踩在脚下,张口闭口就骂孩子,不是骂孩子是"笨蛋""猪""白痴"等,就是咒孩子将来不会有好的出息;当孩子学习成绩退步时,这些家长便眉头紧皱,铁青着脸。

曾经有位老师给我讲过下面这个故事。

小倩同学的日常表现和学习成绩都挺好的,性格上属于比较内敛的孩子。

老师观察发现,小倩同学只要考好了,脸上就有笑容;没考好的话,很长时间都闷闷不乐的。

于是,老师找小倩谈心,交谈中小倩就泪花闪闪,只是摇头。老师决定找小倩同学的家长沟通。

一天下午,小倩妈来到老师的办公室,接触中,老师感觉到小倩妈比较强势。面对这样的家长,老师想让小倩与妈妈面对面地沟通,在沟通中发现问题。

小倩同学来到办公室,勉强地向妈妈点点头。

小倩妈似乎有些无辜地说:"小倩,你当着老师的面说说,我和你爸爸对你好不好?天下哪有父母不爱自己孩子的?"

小倩抬头看了看妈妈,欲言又止。老师抬抬手,说:"小倩,想说就说嘛!"

小倩看了看老师,对妈妈说:"你们就知道学习,考得好,你们就高兴;考不好,你们就像审犯人一样。""我的考试成绩好像家里的晴雨表,好像是你们对我态度的温度计。"

"我们大人随便问问,难道不行吗?……我们也是希望你将来有个好的工作。"小倩妈解释道。

小倩不服气,反驳说:"你们在乎的是成绩,是分数,一点不在乎我的感受,难道我不想考好吗!"小倩越说越激动,流下了眼泪……

看得出来,小倩妈不是不负责任的家长,可是教育孩子的理念和方法不对。她和我们有些家长一样,很看重孩子的学习成绩,却忽视了对孩子情绪表达和心理感受的关注,导致小倩整天愁眉苦脸,严重地影响了小倩的学习和健康成长。

不知何时,孩子的学习成绩成了家庭的晴雨表,成了亲子关系的温度计。如果一个家庭只重视孩子的学习成绩,会影响孩子的成长过程,会给家长带来烦恼。

其一,在学习高压力下,我们的孩子失去了很多本性。本该属于孩子的生活、娱乐、玩耍、调皮等都没了,这样反而会影响孩子的学习成绩,还可能伤害到孩子的身心健康。

其二,有的家长注重孩子短期的学习成绩,往往带有很强的功利性。要放下面子,理性对待孩子的成长。不然,孩子也许短期内某个方面优秀,却忽视了孩子的可持续发展,或者长远发展、全面发展。

其三,在我们许多家长的心里有两个隐含的推理:成绩好→考上好大学→好工作→好前途;成绩差→考差大学(或考不上大学)→差工作(或失业)→差前途。实际上,这两个推理是伪命题,并不一定成立。

其实,只要我们放眼看去,在我们生活的周围,学习上的慢孩子走入社会之后前途一片光明,生活质量并不差的例子比比皆是。我们家长大可不必为一两次的考试成绩唉声叹气,对孩子悲观失望。

分数固然很重要,但如果我们家长过度关注孩子的分数,结果只会让孩子背上沉重的包袱,可能在遇上困难时立刻想到的是如何躲开家长,因为只有这样才不会被家长责骂。可以想象,这样的孩子在未来的学习中是多么的矛盾和痛苦。当孩子无法承受考差了的压力时,还可能有意想不到的事情发生,那样我们家长就追悔莫及了。

那么,在"双减"政策的背景之下,我们家长如何理性看待分数与升学呢?

1. 我们家长要以正确的教育理念来教育孩子。要关心孩子的综合素质和健康成长,成长是第一位的,分数是第二位的。对待孩子的学习成绩,要刷新观念,紧跟时代,不要固执己见、抱残守缺,要以一颗平常心看待孩子的分数。

在重视孩子学习成绩的同时,不要唯分数论,唯升学论,认为学习成绩是孩子的全部,不要认为孩子的升学决定了孩子未来的前途,也不要把家庭的快乐幸福完全建立在孩子的分数和升学之上。家庭幸福不是孩子考出来的,而是我们家长经营出来的。也许家长经营好了家庭幸福,孩子的学习成绩会自然跟上。

2. 我们家长要以正确的态度看待孩子的学习成绩。要学会分析和关注分数背后的东西。要结合孩子、老师的意见,客观分析孩子对知识的掌握情况,理性对待孩子考试的起起伏伏。要关注孩子的学习态度、学习能力、学习效率、应试技巧、心理素质等方面。

我们要清楚,关注孩子的学习过程比关注考试结果更重要;关注孩子的思维过程比关注孩子的考试分数更重要;关注孩子的成长比关注成绩排名更重要。我们对孩子的培养,育人比分数重要。不要过度在乎孩子考了多少分或能够考多少分,而要在乎把孩子培养成为一个什么样的人,完整的孩子不是用分数可以衡量的,他们对生命热爱,对生活和学习充满热情,具有人文情怀、感恩情愫、社会责任感。

3.我们家长要正确地看待孩子的成功。在当今的社会,很多人将成功等同于有钱,其实用金钱来衡量一个人的成功本身就存在巨大的问题。谁都清楚,一个人在社会上有很多角色,有些角色未必能够在现实中产生多大的价值,却有可能影响到家庭,甚至社会的未来。如果学习的成功是为了将来获得金钱,学习成绩是衡量孩子成功的最重要标准,一旦学习成绩上不来,就可能让孩子剑走偏锋。

现实中,也有的家长将孩子成功的评价给单一化了,甚至是标准化了。把今天的学习成绩和明天的金钱收入作为评价孩子是否成功的标准,这无疑会让家庭教育功利化、短视化。其实,学会做人才是孩子成功的第一标准,而要想让孩子获得成功,关键在于孩子的综合素质的发展。多项研究表明,那些最成功的人士绝大多数在学校中并不是学习成绩最优秀的孩子,他们成功的关键在于他们有综合素质,而不只是学习成绩。明智的家长不会把目光仅仅放在孩子的学习成绩上,而是想办法培养孩子各方面的能力。

总之,"双减"政策不仅强调学校教育要严格遵循教育规律,培养学生的核心素养、综合能力,不要唯分数论、唯升学论,也要求我们家长具备科学的家庭教育观和学习观,摒弃功利化、短视化等违背教育规律、盲目从众的教育观念,理性看待孩子的分数和升学。

## 第五节　对孩子的学习期望值要适度

天下家长,从结婚生子开始,就有了对孩子未来生活、工作的期望,其中,最重要的期望就是孩子的学习成绩好。因为在大多数家长看来,学习成绩是未来美好生活和工作的基础条件。

当我们成为家长,在培养孩子的过程中,才真正体会到当好家长真不简单。如果我们家长始终怀揣对孩子过高的期望,当孩子的表现无法满足我们的期望时,就会影响我们对孩子的满意度,就会经常有意或无意地伤害孩子,这是跟自己过不去。

我就遇到过这样的家长。

小佳是个好孩子、好学生。小佳家长是有素养、有知识的。

刚进校时,小佳爸就向我绘制了对小佳的宏伟蓝图。通过交谈,我感觉到小佳爸对小佳的期望中有些急功近利的思想。

初一上学期末,小佳的学习成绩是班上的第一名、年级位列前三,小佳爸来开家长会,满脸笑容。

初一下学期末,小佳成绩落到了班上的第五名、年级第十二名,小佳爸来开家长会,满脸愁容。

我看出了小佳爸的心思,家长会后,对小佳爸说:"你们小佳挺优秀的。"

小佳爸慢慢地回应道:"这个娃儿不晓得在做啥子?"

我认真地说:"其实,年级前20名实力是一样的,就看哪个同学发挥得好些。"明显感觉小佳爸不认可我的看法,稍停了一下,我又说:"读书挺辛苦的,暑假好好让她休息一下,带出去走走看看。"

小佳爸严肃地说:"又没考第一,有啥资格耍?"

我一时语塞……

小佳家长有一种"第一名情结",这样的期望会给小佳带来失落感与内疚感。小佳也不知道下一次考试会怎样,会不会让家长满意,她心里没有把握,一心惦记着分数,就会迷失。

近年来,教育焦虑比较普遍,出现了不少"狼爸""虎妈",家庭教育错位严重,这是对孩子学习期望值过高的现象。

家长对孩子寄以期望,是对孩子的信任,也是一种有信心的等待,有利于孩子增强自信心、进取心,是孩子不懈努力的推动力。但是,如果对孩子的期望仅限于读书学习,并且期望过高,是不利于孩子的全面发展和健康成长的。

"双减"政策的出台,某种意义上讲就是由于家长对孩子的教育期望值过高,造成社会出现教育内卷,偏离了教育的本真。国家希望以

"双减"为着力点,撬动教育回归。

那么,在"双减"政策的背景之下,我们家长应该怎么做到学习期望值适度呢?

1.家长的期望值不要超标。著名数学家丘成桐谈家教:"我发觉中国的家长都望子成龙,都渴望孩子是天才,都希望孩子能一举成名,为此从小就给孩子上各种班,弄得孩子非常痛苦。"我们家长要明白,并不是对孩子期望越高,孩子就越容易成功。心理学上有这样一个规律——期望值越高,失望值越大;而期望值适度,才会让人产生很强的满足感。

我们家长对孩子既不能没有期望,也不能好高骛远。对孩子的期望一定要适度,超标和低标的期望都不利于孩子的成长。如果家长长期"超标"期望,当压力超过了孩子自身的承受能力时,又找不到释放渠道,在逃避和逆反心理的支配下,很可能会离家出走,以至误入歧途,个别孩子还会做出更过激的行为。

对孩子的期望也不能刻舟求剑,要灵活掌握,学会调整。我们要多与老师沟通交流,全面了解孩子,听取专业意见,再形成适度的期望。

2.家长要尊重孩子的现实。家长要学会尊重和理解孩子,把孩子当成鲜活的生命,而不能把孩子当作家庭的附属品,当成满足我们愿望的工具。如果孩子经过努力满足不了我们的期望时,不要让孩子背上沉重的包袱,给孩子平添痛苦。对于一个不可能得到好名次的孩子来说,反复强调名次,势必让孩子陷于自卑和无助,而孩子的自我否定,不仅会使其学习成绩下降,也会妨碍孩子的全面发展。

我们家长不能由美好的期望开始,逐渐变得无望或失望,甚至是愤怒的绝望。我们不能以考试成绩的排名来评价孩子。当孩子没有达到我们的期望值时,在家庭日常生活中更不能时不时地表现出对孩子不满意的情绪和态度。我们要知道,对孩子丧失信心,会让孩子有一种失败者的压抑感,这种情绪还会传染给家里的所有人,进而会影响整个家庭生活的质量。我们要理解孩子已经承担了巨大的学习压力和心理压力,从精神上要给予孩子关爱和支持,力求给孩子一个平凡人过平凡人生活的权利。

期望要从孩子自身的实际出发,尽可能满足孩子的兴趣及爱好。脱离孩子实际的期望,不仅不会起到积极作用,反而会起消极作用。孩子如果长期被压抑,就可能引发逆反心理。

3.家长对孩子的期望要多元。家长不要单单以学业成绩来衡量孩子。美国教育家斯宾塞曾经说过:"身为父母,千万不能太看重孩子的考试分数,而应该注重孩子思维能力、学习方法的培养,尽量留住孩子最宝贵的兴趣与好奇心。绝对不能用考试分数的高低去判断一个孩子的优劣,更不能让孩子有以此为荣辱的意识。"

在日常家庭生活中,我们不能只盯着孩子的学习成绩,应该看重孩子学习的过程和获得的进步,关注孩子的学习目的、学习方法、学习意志、学习习惯。不能仅以考试成绩的高低作为评价孩子的唯一标准。对待孩子的考试分数要有平常心,孩子考好了,不妨进行精神鼓励。即便考试成绩不理想,也不要责备、抱怨,而是要帮助孩子认真分析,找出失误的原因。特别提醒的是,不能以爱的名义提出过高的学习期望值,处处表现出用"爱"去交换孩子的学习成绩。

除了对孩子的学习成绩有适当的期望之外,还要注意观察孩子的表现、思想情感状态,提出做人的期望、身体健康的期望,要发现孩子的特长,挖掘孩子的潜力,培养孩子的兴趣爱好,引领孩子德智体美劳全面发展。

总之,家长对孩子提出期望是家庭教育的重要内容,且期望一定要适度。要从孩子的实际情况出发,在家庭日常生活中有意无意地向孩子传达家长的期望,让孩子在耳濡目染、潜移默化中把家长的期望内化为努力学习、积极进取的动力和自觉行为。

## 第六节　珍视孩子未来发展的无限可能

每个孩子都是独一无二的,其未来的发展都有无限可能。

当孩子初来人世间时,就像一张白纸。他们对这个世界的一切都充满好奇与疑问。这张白纸写什么、怎么写,与家庭教育密切相关。作为孩子最亲近的人,让孩子变得更好是我们应尽的职责。我们家长要给孩子未来发展提供良好的条件,特别不要嫌弃孩子,抑制孩子的发展。

"双减"政策实行之前,许多孩子被作业负担所裹挟,单一地追求分数,一切只为了升学。如果长期让孩子只有这样的体验,那就麻烦了,既影响孩子的全面发展,还会影响国家对人才的选拔。

在"双减"政策的背景之下,我们家长要改变家庭教育理念,珍视孩子未来发展的无限可能;要重视发展孩子的核心素养,让孩子具有"能够适应终身发展和社会发展需要的必备品格和关键能力"。

关于未来社会所需要的能力问题,国外也有未来学家在研究。美国未来学家丹尼尔·平克在他《全新思维——决胜未来的6大能力》一书中就谈到了未来社会所需要的六种能力:设计感、故事力、交响力、娱乐感、共情力、意义感。设计感,是指为产品带来超过本身功能的能力,让产品变得更有价值。故事力,是指表达能力,会讲故事的人更容易影响他人。交响力,是指跨界的整合能力,未来社会需要复合型人才。娱乐感,是指乐观的心态,让自己和身边的人更幸福快乐。共情力,是指换位思考、感同身受的能力,不做未来社会的孤独者。意义感,是指知道自己生命的意义,有明确的生命价值追求。

这六种能力对我们培养孩子有很好的借鉴意义。如果我们把这六种能力拿来与现实中的优秀人才对比,就会发现他们具备这六种能力中的大部分能力。

故此,我们家长要想真正对孩子的未来负责,就要相信孩子未来发展的无限可能,给孩子一个自由生长的空间,让孩子有机会去做自己喜欢做的事。家长应尽量给孩子提供适合的、能被孩子理解、接受的各个方面的知识和体验，努力提升孩子适应未来社会的关键能力。

那么，"双减"政策之下，家长如何锻造孩子未来发展的无限可能呢？

1.了解孩子的情况，给孩子以有效帮助。家长要对自家孩子进行全面的了解，包括其体质、智力、情感、性格、意志、能力以及潜能等。只有在大量的调查研究的基础上，才可以为孩子的教育选定一个方向，制定初步的生涯规划。

家长要学会观察孩子的日常生活和学习，也可以通过认真倾听学校老师以及周围亲朋好友的评价，必要时还可以借助专业的心理、能力测试手段来了解孩子。

家长不要仅根据自己的经验、背景、学识、眼界、思维给孩子圈定一个未来生活、工作的边界。不要想当然给孩子设计家长自我感觉良好的未来，不要轻易地否定孩子的想法、尝试和探索，不要按家长的意愿去强迫孩子学什么、怎么学。孩子的人生路需要孩子自己去走，只有通过亲自体验百般滋味，孩子才能成长，才能发现真实的自己，才能找到自己的未来之路。

2.尊重孩子的个性，做好不同的引领。每个孩子的性格都不完全相同，有的外向，有的内向；每个孩子的思维类型都有一定的倾向性，有的擅长形象思维，有的擅长逻辑思维；每个孩子的想象力、创造力存在着一定差别，有的善于创造，有的善于模仿；每个孩子的兴趣爱好也有所不同，有的喜欢美术，有的喜欢音乐。

我们家长对孩子的期望要求和目标追求要因孩子而异，不可过多地受环境中其他因素的干扰。如果对所有的孩子都做千篇一律的要求，或者说都把学好中考、高考学科作为期望目标，结果即便是能达到短期的目标，也不一定有利于孩子今后的发展。

家长要根据孩子的个性特征，为孩子制订个性化的目标。遇到孩子有什么想法，先不要着急说教、批评、指责、打击、否定，要和孩子一起通过尝试和探索发现更多的发展可能。

3.结合未来社会发展给孩子做好参谋。要通过学习,初步预测未来社会的发展方向。对孩子的要求也要因时而定,不可孤陋寡闻或刻舟求剑。现阶段的社会正处在转型时期,经济、文化以及社会结构、社会关系日新月异。

面对这一现实,家长在实施家庭教育时不能短视,只关注眼前的生活现实,或者只盯着两年或三年后的升学目标,而是要眼光更长远。对于现在就读于中小学的孩子而言,家长不妨将目标定在孩子将来求职期社会对人的要求上。

虽然我们不可能完全预见未来,但是可以断言未来社会对公民的要求绝对不仅是知识和技能,而将更加注重人的创造能力和对周围世界的批判精神。如果家长具有前瞻性,具有一种超越性的未来观,就知道孩子上不了名校没有那么可怕,可怕的是孩子没有任何爱好,没有任何特长,对新兴领域和职业没有基本的了解,也没有做过尝试。

4.重视提升孩子的素质,培养孩子的关键能力。在学习之外,我们家长要创造机会、搭建平台,培养孩子的各种素质,重视对孩子意志力、自控力、自信心、想象力、合作能力、学习能力、交际沟通能力等素质的培养。

面对未来社会,每个孩子都需要靠不断的拼搏才可能获得更广阔的发展空间和更多的自由选择的能力,这种拼搏的精神,首先来源于孩子青少年时期的努力、自律、勤奋。只有当我们的孩子在这个时期形成这种意识和习惯,培养了拼搏的精神,在未来的职业生涯和人生旅途中才有可能走得更远、飞得更高。

家长要尽可能培养孩子宽广的视野和胸怀,培养孩子承担责任的能力,培养孩子的自主、自信和勇气。自主是孩子掌握自己的命运,突破界限,获得更大可能的前提。自信和勇气让孩子有敢于尝试和探索的底气。只有这样,才能使孩子健康快乐成长,才能培养孩子的创新精神和创新能力,才能让孩子真正适应未来社会的发展。特别值得一提的是交往能力,届时个人的人格魅力和社会交往能力将是一个人立足社会,实现自我价值的决定因素。

5.结合孩子的实际情况,制订孩子的职业规划。家长要着手制订一份家庭教育方案,或者说孩子的职业规划,并分步加以贯彻实施。对于大多数家庭来说,制订教育方案或实施教育方案也许会存在一定难度。这就要求家长主动地、积极地、尽可能多地学习一些有关家庭教育的知识和技能。

制订方案或规划后,家长不能等待,要给予孩子必要的引导、启发、鼓励和帮助。要引导孩子往正确的方向发展,启发孩子做更多的努力和尝试,帮助孩子正确认识自我,做出正确选择。鼓励孩子走好每一步,享受每走一步的快乐。

当孩子停滞不前或者失败时,家长应与孩子共克困难,切忌打击和否定孩子的努力,切忌看到孩子难受了就自己去替代。家长要明白,只有经过挫折的打击、失败的痛苦,孩子才能蜕变成长,才会收获更多,才能有长远的发展。

总之,家长要珍视孩子未来发展的无限可能。人无远虑,必有近忧。家长要帮助孩子形成完整、独立的人格和优化自身的独特个性,使孩子的生命潜能得以释放,在自我成长的基础上逐步达成目标。每一位有责任心的家长都应该通过努力学习,尽快地使自己成为名副其实的好家长。

## 第七节 盲目地拿孩子攀比有害

攀比是社会的普遍现象,女人比老公、男人比媳妇,比车比房、比金钱比地位等,比得不亦乐乎!这些攀比,往往是拿自己好的、占优的方面来比。现实中,有不少家长喜欢拿来攀比的是孩子,可他们是拿自家孩子的不足、弱项与别人家的孩子的优点、强项相比。

孩子还小的时候,我们有的家长就喜欢比孩子的身体健康情况,比谁家孩子胖而壮，比谁家孩子更漂亮等。孩子稍大些，有的家长就把眼光常常放在别人家的孩子身上，用来比自家的孩子，夸耀别人家的孩子更乖、更听话、更懂礼貌之类的话随口就会说出来。常见的攀比现象有：

1.用夸张的手法来教育孩子。表现在无限放大自己孩子与别人家孩子的差距，以为就能激励自家孩子更加奋发，以为出于善意就可美其名曰"是为孩子好"。然而就是这一句"是为孩子好"，就让孩子迷了路，失去了自我。我们常听到"你还不如×××，以后你就只能扫大街！"

2.出于怕输的心理而盲目跟随。别人家的孩子学跳舞，自己也要把孩子送去跳舞；别人家的孩子学画画，自己也要把孩子送去学画画。他们全然不顾孩子喜不喜欢，只求自己获得暂时的心理满足。

3.对待自家孩子很贪心。本来自家孩子已很优秀，还嫌不够，不断地用"别人家的孩子"来折磨自家的孩子。当然，也有些孩子确实表现不好，让家长操碎了心，让家长不满意，于是，运用攀比来刺激孩子。比如，"你这次只要考赢李阿姨家的×××，我就给你换手机！"

家长之所以会这样，主要是希望孩子能够在比较中进步，他们自以为这是好的激将教育方法。在现实生活中，这样的家长不在少数。

有次半期考试，小胡没考好，小胡爸到学校找班主任面对面沟通。在交流中，班主任发现小胡爸对自家孩子不满意，抱怨多，总是羡慕单位同事的孩子。

交流一阵后，班主任把小胡同学从教室里喊出来。

班主任温和地对小胡说："今天，你爸来主要是关心你的成绩。这次虽然没考好，也没什么，考试有起伏也是正常的，不过你自己要懂得反思，学会总结，好吗？"

小胡点点头。

小胡爸接过话，语气肯定地说："我认为，没考好的原因是你打游戏。你看王叔叔家的小勇，一样大，就比你听话。他喜欢看书，时间抓得紧，很少打游戏，成绩就一直很好……"

小胡爸一边唉声叹气一边说:"我怎么生了你这样一个不争气、不听话的娃儿哟!"小胡瞟了小胡爸一眼,欲言又止。

小胡爸与孩子交流时不仅缺乏对孩子的尊重、信任,还用攀比的方法教育孩子,自然会让孩子反感,进而影响亲子关系。不能说小胡爸不爱小胡,只是爱的方式不对,爱得有些急功近利。

被家长用来与其他孩子,特别是与相识的孩子做比较的教育方法,通常是会有很多负面作用的,导致孩子产生不开心、无安全感、嫉妒等负面情绪。有的孩子会认为家长似乎喜欢别的孩子比自己多,为了吸引家长,孩子就可能有自己的情绪和行为,这些情绪和行为通常都是家长不喜欢见到的。

热衷于攀比的家长,其实是给孩子创造了一个攀比的教育软环境,在这种环境下成长的孩子,即使真的变得很优秀,内心也可能千疮百孔,很多孩子会因为无法达到我们家长心中用来攀比的期望和目标,而产生自卑和逆反心理。

在"双减"政策之下,我们家长要构建良好的教育生态,要积极地与孩子沟通,关注孩子的心理状态,要根据自己孩子的个性特点进行教育。

1.要从孩子的长处入手,激励孩子缩小差距。如果自己的孩子脑子确实迟钝一些,要教育孩子笨鸟先飞,多勤奋一些,弥补自己的不足。孩子有了进步就应该鼓励,只要孩子付出了努力,已经尽其所能,家长就不要提出过高的要求。

不要拿别人家的孩子所谓的长处作为一面镜子,来要求在自己孩子身上折射出相同的影子,这是极其不妥的心态,也是孩子最为反感的。因为每一个孩子都在按照自己的个性成长,如果用一把尺子来衡量一个孩子的优劣,只会挫伤孩子的自尊心,让孩子迷失方向,自暴自弃。

盲目攀比一方面会导致孩子失去人生目标,把别人的目标当作自己的目标。即使以后实现了这个目标他们也会不快乐,因为这不是他们自己想要的。另一方面,如果攀比受挫了,他们会更加自卑,夸大自己的无能，造成对家长的不满情绪，甚至仇恨家长。

2.要对孩子做纵向比较，注重评价孩子的进步。中国有句古话："人比人，气死人。"如果我们家长过多专注于横向比较的评价模式，孩子比赢了暂时得意，但也心存害怕，生怕成绩不保；比输了则泄气，感到自己无能、无助。

我们家长要学会智慧地进行比较，看到孩子今天比昨天表现好，拿孩子自己的现在与过去比较，让孩子既知道自己的不断进步和取得的成绩，还知道家长在关注和关心自己的进步，这样，久而久之，将会让孩子充满自信。

许多孩子实际上并不像我们家长认为的那么差劲，恰好是家长说得多了，盲目攀比多了，才让孩子的自信心荡然无存。我们家长要清醒地认识到，只要孩子在做各种事情时尽力了就行了。要客观评价孩子，让孩子正确地看待自己。

3.不人为地制造委屈，让孩子背负包袱。我们盲目地攀比，在无意中把自己未达成的心愿、自己的焦虑都转嫁给了孩子。把孩子当作自己的代言人，代替自己与别人比较，相信在这份压抑和无奈的背后，有一份只有当事家长自己才清楚的心酸。

在家长的压力下，孩子会带着委屈逐渐在意别人的看法，有意地拿自己和他人进行比较，把精力都用在了担忧或者反抗家长的粗暴和不接纳上，这样反而让孩子没有心思专心做自己该做的事，且完全无助于孩子形成健全的自尊心。

其实，家长拿自家的孩子与别人家的孩子攀比，多数情况下是孩子被指责、被比下去。这样既会让孩子觉得委屈，也会使孩子有受伤害之后的愤懑。当这种委屈积累到一定程度，孩子就开始叛逆，开始对家长反唇相讥。孩子也会想"你们拿我跟别人家的孩子，怎么不拿自己跟别人家的家长比？"于是，在家长和孩子心中各自希望对方去比，这样的双轨攀比就形成了，让攀比更为复杂化，亲子关系越来越差。

4.要承认孩子的差异，不要想自家孩子特别出众。我们要意识到

"人与人不同,花有几样红"。每个孩子都是独一无二的,从先天基因到后天成长环境、家庭氛围等来看都存在着差异,家长要正确认识这种个体差异,更要尊重这种个体差异。

家长要明白一点,差异不代表差距。关键是看我们家长怎样引导、发现和激发孩子的个性差异,只要教育方法得当,孩子必然会优秀。我们家长要学会多观察,在生活和学习中发现自己孩子的独特之处,并做好科学合理的引导,只有这样才会让孩子健康地成长。

其实,孩子需要的仅仅是家长的发现和培养,松开孩子的手和脚,释放孩子的心和脑,给孩子自由的空间,理解孩子的想法,尊重孩子的选择,保护孩子的天赋,让其在最适宜、最自然的环境中成长。

总之,我们家长要减少拿自家孩子与别人家孩子攀比,将目光收回到自己的孩子身上。对孩子多一些欣赏和鼓励,多倾听孩子内心的想法,多听取学校老师的教育理念,多学习家庭教育的经验和理论,这样才会让孩子在自我认同的基础上走好自己的路。

## 第八节　既不放养孩子,也不放飞自我

怎么养孩子更科学,所有家长都关心。

有一段时间,媒体、教育专家经常批评、责备家长教育子女时管得太严,应该释放孩子的天性,应该搞快乐学习、赏识教育。于是,"放养"孩子这种说法越来越流行。不能说"放养"不对,但也不能说"放养"都对,"放养"要有度。如果"放养"变成了撒手不管,或者家长自我放飞,显然是不对的。

所谓"放养",本来指让动物离开人类的掌握,脱离圈养,回归到大自然中,让它们更接近本质的生存状态。这里的"放养教育",指的是尽量满足孩子的自然属性、社会属性,开展感性及理性的教育。

放养教育本身有合理性和可行性,但是很多家长在教育过程中并

没有真正掌握其教育属性,结果发生了教育本质的变化。有的家长认为放养教育就是放任孩子自由,让孩子随心所欲,想做什么,就做什么。

放养教育虽然看起来好像家长很开明,但如果把不住关键点,会造成不可逆的两个恶果:第一个是孩子很可能不自律,做事情缺乏自觉性、独立性;第二个是容易散漫,无视纪律和社会规范,好孩子很可能成熊孩子。

我们做家长的,不要让孩子长大后责备我们对他们的教育是不负责的,所以,在孩子的成长过程中,我们既不能给予孩子过多的限制,也不能放养孩子,而是要根据孩子的表现情况,从牵着孩子走开始,到给孩子做好示范或给孩子当好帮手,再到放手让孩子独立做事。

"双减"政策出台后,有的家长简单理解为可以放养孩子,放飞自我。这肯定不是"双减"政策的初衷,完全曲解了"双减"政策的实质。

最近几年,国家密集出台了关于立德树人、体育美育、劳动教育,以及教育评价改革、家庭教育等方面的文件,鲜明地指示了未来人才是什么样的,家庭教育应该提供什么帮助。

确实,"双减"政策要求减轻孩子的作业和校外补课负担,但是,减去的是孩子不该承受的那部分负担,是家长不该完成的作业,并没有减少家长对于家庭教育应该承担的责任和应尽的义务。校外学科辅导班虽然停了,但是孩子的升学目标还在,人才选拔还在,为孩子谋幸福还需要。

那么,在"双减"政策背景之下,我们家长如何做到既不放养孩子,也不放飞自我呢?

1.家长要认真学习"双减"政策的内容,承担好家庭教育的责任。"双减"政策不是让我们家长放飞,我们肩上的责任反而更重了。耐心陪伴孩子是责任,严格管教孩子是责任,帮助孩子树立理想也是责任。

我们要关爱孩子,从日常生活、习惯养成到文化知识学习,再到为人处世,要在帮助和放手之间掌握好分寸。要做好对孩子的情感支持,分享孩子的愉悦之情,关心孩子的成长烦恼。

2.家长要利用好作业减少、校外辅导不准搞的机会,认真思考孩子如何成长。家庭教育要着眼孩子的未来发展,关注孩子的兴趣爱好,培养孩子学习的内驱力,用更多的时间陪伴孩子,培养孩子探索的欲望,创造探索的精神。

我们家长要培养孩子对生活的热情、对世界的好奇心,让孩子有主动和自觉学习的习惯、态度。我们一定要明白,"双减"减去的是孩子过重的学习压力,减中有增,增加的是孩子自由成长的空间,是为了提高孩子的综合素质和综合能力。

3.家长要让孩子参与到全面发展中来,把握好孩子日后奋斗的目标。我们要引导孩子认识到,不要以为作业少了,就可以偷懒、懈怠。勤奋学习仍然是孩子应该有的精神和态度。

我们家长自己也要清楚,"双减"减的是家长的负担,不是减家长的责任。孩子作业少了,反而要为孩子做好更长远的规划,既要重视孩子的学习成绩,也要发挥家庭教育的优势,带着孩子参与到德、智、体、美、劳的全面发展中来。

4.家长要让孩子做到劳逸结合,让良好的习惯和特长伴随一生。我们应借着这个机会好好思考和调整家庭教育的方向,培养孩子良好的习惯,引导孩子学好特长。

我们家长要做孩子校外的终身老师,让孩子紧绷的学习神经缓一缓,做好劳逸结合,智育与体美劳结合。"减"出来的时间,既要让孩子找寻自己喜欢读的书,把家里的书房当成孩子最好的校外培训班,又要引导他们喜欢运动、劳动,让家庭变成孩子最好的校外素质教育基地。

总之,在"双减"政策背景之下,我们家长更要保持最基本的理智和清醒,既不要放养自家孩子,也不要自我放飞。首先要做好自己,有心承担家庭教育的责任;其次要做好孩子的后盾,用心经营好孩子成长的环境;最后要善于紧跟新时代教育环境的变化,以沉着冷静的姿态和发展变化的心态来适应新的教育环境。

# 第三章 "双减"政策之下,如何经营家庭环境

在"双减"政策之下,教育大环境已经发生改变,家庭教育迎来了新的机遇和挑战。家庭是孩子的第一成长环境,家庭教育的真谛就在于有良好的家庭环境。如何给孩子一个良好的家庭环境,我们家长务必要多多思量、好好经营。

家庭是孩子成长的第一环境,也是影响孩子成长的主要环境。家长是孩子最初的、直接的效仿源。在"双减"政策之下,大的教育环境已发生改变,不变是我们家长要经营好家庭小环境。

家庭环境对孩子的成长有着决定性的影响。孩子的心灵是纯朴天真的,他们生活在什么样的环境中,就会被造就成什么样的人。不久前出台的《中华人民共和国家庭教育促进法》第十五条就明确要求:"未成年人的父母或者其他监护人及其他家庭成员应当注重家庭建设,培育积极健康的家庭文化,树立和传承优良家风,弘扬中华民族家庭美德,共同构建文明、和睦的家庭关系,为未成年人健康成长营造良好的家庭环境。"国家从法律的角度要求我们家长务必要经营好各自的家庭环境。可见,经营良好的家庭环境对孩子的健康成长是多么的需要和重要。

本章与家长谈谈"双减"政策之下家庭环境的重要性以及如何经营

家庭环境。首先,我们家长要认识到,家庭是孩子成长的土壤,家长是孩子最好的老师,家人是影响孩子的因素,家庭成员教育孩子的思想要一致。其次,我们家长不能躺平,恰好要借"减"而"加",给孩子一个优质的充盈着书香气的家,家里还要有良好的家风家教。最后,特别提醒家长,要保证孩子安全地学习和生活。

## 第一节 家庭是孩子成长的土壤

家庭是孩子真正的避风港。家长是孩子最亲近、最直接的模仿对象,决定着孩子的心理定式和性格特征。

好的家庭环境可使孩子性格活泼、开朗、大方、好学、诚实、谦逊、合群、保持好奇、爱劳动、爱清洁、守时守信等。反之,不好的家庭环境会毁掉一个孩子,让孩子变得胆怯、多疑、自私、嫉妒、孤独、懒惰、放任、不懂礼貌、言语粗俗等。

在习惯、心态、意志、价值观等的培养上,家庭环境比学校环境更具有独特优势。

好的物质环境不等于就是好的家庭环境,贫乏的物质环境不等于是坏的家庭环境。环境的好坏主要看是否有一个适合孩子成长的氛围,而这个氛围往往需要家长用心用情营造。

家长真要想孩子有好的成绩,不能靠刷题,教育肥沃的土壤应该是良好的家庭环境。老话说得好:"家净人安,福气自来。"家庭环境时刻影响着孩子的生命状态。

"双减"政策出台后,一下子没了那么多的辅导班,孩子待在家里有了一定的空闲时间,家长更是要营造一个让孩子愉快生活、轻松学习的家庭环境。

首先,家长要明确良好家庭环境的特点。

1.让孩子适宜生活和生存的环境。孩子的生活和生存无法离开家庭,家庭是孩子基本固定的生活场所,孩子的大部分时间是在家庭中度过的。每个家庭的经济状况、住房条件不相同,即使条件差一些,只要家长用心营造一个舒适、宁静、温暖的家庭,就是适宜孩子生活生存的好环境。

2.家庭成员之间互敬互爱的环境。家庭成员彼此相处要和和气气、尊重信任,家庭要洋溢着亲情、温暖和幸福,要构建和谐的亲子关系。如果孩子在这样的环境中受长期熏陶,就会自觉地感恩亲人、热爱生活、憧憬美好未来,那么他们接受教育也顺理成章。

3.有良好生活习惯的环境。孩子的生活习惯完全受家长的影响,家长的生活习惯决定了孩子的生活习惯。如果家庭能形成比较固定的生活作息时间,家长做到饭前便后洗手,定时换洗衣物,不随地吐痰、乱扔脏物,经常保持清洁卫生,按时打扫房间等,孩子就会习得良好的生活习惯。

4.充满民主平等氛围的环境。在一个民主、平等的家庭中,家长和孩子是朋友,家长能站在孩子的角度想问题,容易与孩子共情,会给孩子以信任和自由,这样就能激发孩子的兴趣,丰富孩子的情感,张扬孩子的个性。孩子也会回应家长,信任家长,遇事与家长商量、沟通。孩子在这样的环境中就能快乐成长。

5.充满浓浓的读书氛围的环境。如果家长有看书学习的习惯,喜欢读一些适合孩子读的课外读物,并和孩子一起品评、讨论,分享其中的愉悦,经常陪伴孩子一起去书店买书、去图书馆阅读,在这样的环境中的孩子,既会从家长那里学到良好的读书方法和养成良好的读书习惯,也会受到良好的读书氛围和精神的感染。

其次,家长如何经营好家庭环境。

1.经营民主的教育氛围。家长要信任孩子,不随意干涉孩子的活动,但不是放任自流,而是在爱护和尊重孩子的基础上给予正确的疏导。家长不把自己的意志强加给孩子,遇事要同孩子商量。家长与孩子应平等交流,不对孩子提出过高的期望,也不对孩子放任不管;既要

关心孩子的学习、生活，又要注重培养孩子良好的思想道德、坚强的意志品质、优质的情感态度。

2.经营和谐的情感氛围。家庭气氛对孩子的性格有很重要的熏陶作用。家长要陪伴孩子成长，帮助孩子解决困难，分享孩子的喜悦，构建良好的亲子关系；要控制自己的情绪，检点自己的言行，处处为孩子做出榜样，努力营造宁静和谐的家庭气氛。成人之间要相互关爱。如果家里还有老人，要敬老孝顺，要把珍惜家庭、营造家庭和谐氛围放在生活的第一位。

3.经营向上的文化氛围。家长始终要保持一种乐观豁达、积极进取、严于律己、宽以待人的积极心态，注重与人和睦相处。家庭环境要整洁、朴素。家长要经常打扫清洁卫生，要有良好的卫生习惯。家长的穿着打扮要美观大方，不穿奇装异服。要常常与孩子一起交流、一起劳动、一起运动、一起活动等。遇到特别的日子（家庭成员过生日、传统节日等），要举行有仪式感的活动。

4.经营好学的学习氛围。家长要以正确的教育态度和科学的教育方式、方法去教育孩子，要以自己勤奋学习的行为去影响和感染孩子。良好的家庭学习氛围来自家长的无声的教育。家长要在关注孩子身心健康的同时，关心孩子的学习情况，但是，不要把孩子的考试成绩放在首位，不要因为孩子的学习成绩不理想而指责、抱怨孩子，或者改变对待孩子的情感态度。

5.经营书香氛围。家长要营造一个浓浓的读书氛围，要营造充满文化气息的家庭环境。家长要热爱读书，可以和孩子一起交流书中的情节或读书的心得。家里要有一定的书籍，尽可能有书柜。常带孩子上图书馆或书店，指导孩子借书、买书、读书。在一个充满书香的家庭中，孩子也会喜欢看书，孩子的学习成绩自然不会差。

总之，家庭的存在确定了家长与孩子之间的血缘关系、抚养关系、经济关系、情感关系，决定了孩子在精神和物质的需求方面对家长的依赖性，自然家长对孩子的成长有较大的影响作用。所以，家长一定要苦心、精心、耐心地营造好孩子成长的家庭环境。

## 第二节　家长是孩子最好的老师

无疑,家庭环境中家长是孩子成长的重要因素。常言道:"家长是孩子的第一任老师,也是孩子的终生老师。"

家长与孩子朝夕相处,一举一动都在言传身教,影响着孩子的成长。家长是原件,而孩子是复印件。古人云:有其父,则必有其子;有其母,则必有其女。

在"双减"政策的背景之下,家长对孩子成长的影响作用更加凸显。家长并不是帮助孩子提分,或者帮助老师改作业,而是培养孩子良好的思想品德、生活习惯,发现孩子与众不同的禀赋、特长、兴趣、爱好,然后鼓励孩子自我发现、自我实现。

家长要正确看待"双减"政策的意义,并在家庭生活中用自己勤劳、担当、宽容、自信、诚信等好品格、好行为,以及广泛的兴趣爱好、良好的工作状态和成绩吸引孩子,给孩子做榜样,引领孩子健康成长。

首先,我们家长要清楚自己对孩子成长的影响。

孩子光溜溜地来,对世界充满了新奇和无比美好的向往。孩子跌跌撞撞地成长,家长是牵着孩子走路的人,是孩子的引路人。

家长是和孩子接触最早、最多、时间最长的人,因而是孩子学习的最直接、最具体的榜样。家长的一言、一动、一情都有可能成为孩子的效仿源。无数事例证明,孩子最初的行为习惯都是从家长身上学来的。因此,家长要特别重视自己对孩子的影响力,为孩子树立好的榜样。

中央电视台曾播放过一条公益广告。

场面一:一位年轻妈妈端着一盆水,来到一位老人家的房间,亲切地说:"妈,您辛苦了!"并给老人家洗脚。

这时,一个小朋友正在门口,这一温馨的画面被小朋友那双天真的

眼睛看见了。

场面二：有一天，小朋友的妈妈刚下班回到家里，小朋友就端着一盆水摇摇晃晃地来到妈妈面前，稚嫩地说："妈妈，辛苦了，洗脚。"

在家里，家长的行为被孩子悄悄地看在清澈的眼睛里，记在纯洁的内心里，自然也会效仿家长的善举，这种影响是最直接、最深刻、最持久的。

著名教育家马卡连柯认为，家长对自己的要求，对自己家庭的尊重，对自己每一行为举止的注重，就是对孩子最首要的，也是最重要的教育方法。教育家洛克主张，在教育孩子时，与其让孩子记住规则，还不如树立榜样。他说："无论给孩子什么教训，无论每天给他什么样的聪明而文雅的训练，对他的行为能产生最大影响的依然是他周围的同伴，是他监护人的行动榜样。"

我们家长一定要摒弃错误的言行举止。要知道，孩子正踏着家长的脚印成长。哈佛大学一项研究表明：在教育孩子时，家长自己是什么样的人，远比他们对孩子做什么，采用何种教育方法更重要，更能影响孩子。

教育孩子的方法多种多样，但说到底，家长想要孩子成为什么样的人，最好的教育办法就是自己先成为那样的人。

其次，我们家长要明确做一个怎么的自己才能成为孩子的榜样。

家长作为孩子最早启蒙的教育者，对孩子的教育影响最深远。教育家孔子就说过："其身正，不令而行；其身不正，虽令不从。"还说："欲教子先正其身。"被誉为"德国教师的教师"的著名教育家第斯多惠曾说过："只有当你不断地致力于自我教育的时候，你才能教育别人。"确实，家长在家庭教育中发挥着无穷的力量。

家长要想成为孩子的好榜样，就要做好以下五个方面：

1.做一个有人格魅力的家长。家长只有具有足够的人格魅力，才能对孩子施以最大化的影响。所谓人格魅力，是指一个人在性格、气质、能力等方面具有吸引人的强大力量。家长想教育好孩子，自己必须具备人格魅力,这样才能吸引孩子,自然孩子也会受到家长人格魅力的熏陶。

2.做一个有道德力量的家长。孩子不仅是家长生命的延续,更应是家长生命的升华。家长要想孩子健康成长,家长身上的道德力量至关重要。自私自利的家长教育不出甘于奉献的孩子。可以说,家长身上的道德力量是一个孩子健康成长的绝对保证。

3.做一个有担当、有责任的家长。家长把孩子带到这个世界上来,就应该对这个生命负责。除了满足孩子的吃、穿、住,还应该给予孩子幸福的家庭、美好的教育。麻将桌旁长大的孩子肯定和爱看书、爱劳动的家长教育出来的孩子有很大差别的。

4.做一个爱好兴趣广泛的家长。家长要习得一两项爱好,吸引孩子的兴趣。要经常表现出对各种事物的好奇,激发孩子的好奇心。特别要善于选择一些合适的问题,与孩子一起探究,培养孩子积极思考的探索精神,使孩子逐渐养成喜欢探究问题的习惯。

5.做一个言行一致的家长。家长要想让孩子做到的事,家长一定要先做到。家长不要以为只有同孩子谈话、教导孩子、吩咐孩子时才是在教育孩子,其实生活的每一瞬间、情景都是在教育孩子。即使面对孩子的错误,也不能过分生气、愤怒,不能有过激的粗暴的举动。

第三,我们家长要用良好的生活习惯影响孩子,给孩子以示范。

习惯是一种力量,一种能量,它能使事情变得省力,变得容易。良好的习惯表现在诸多日常生活的细节上,比如认真做事、勤于动手、坚持阅读、节约环保……家长要利用好家庭教育的天然优势,做好"四个要",寓习惯教育于日常生活之中。

1.要有注意说话态度的习惯。在家里,家长的说话态度要和蔼可亲、轻松自然、亲切友好、平等尊重,尽量做到词语优雅、幽默风趣。尤其不能居高临下、盛气凌人,更不能大声呵斥、污言秽语。

2.要有树立美好形象的习惯。在日常生活中,家长应当十分注意自身的言谈举止,要在一点一滴的小事上给孩子以健康、积极的影响。穿

着要大方,行走要沉稳。对待生活中的困难要冷静思考,积极应对。

3.要有构建良好人际关系的习惯。家长要做到家庭和睦、邻里友好。要有善良、大方、真诚的个性品质,要有待人接物的良好态度,要善于与人交流沟通。在家里要孝顺父母、尊重爱人,与亲戚相处要乐观向上、诚信待人。

4.要有安排作息时间的习惯。家长要合理地安排每天的工作、学习、休息时间,善于利用碎片化的时间。学习要有节奏,讲效率。在生活中的表现不要懒里懒散,做事不要拖沓,不要把今天该做的事放到明天去做。

最后,我们家长要塑造良好的自我形象,增加对孩子的影响力。

家长的自我形象,是指家长的语言、衣着、体态、面部表情、目光等。家长的自我形象是无声的教育。家长用良好的自我形象对孩子施加影响,可以辅助和增强平时的语言教育功能,而且往往事半功倍。孩子具有很强的模仿能力,但孩子的判断能力却还不够成熟,加上家长在孩子心目中的不可替代的重要地位,家长对孩子耳濡目染、潜移默化的影响成为必然。所以,家长要在塑造自我的良好形象上下功夫。

1.要有好的肢体语言。家长平时说话时附带的手势、行走时的步态和体态等都是教育孩子辅助性的无声语言。用肢体语言教育孩子,孩子会更好地理解家长的教育内容,并且印象深刻。家长务必使自己的体态自然大方、动作讲究得体,让孩子感到家长的稳重、威严却又不失亲切、随和。

2.要有好的面部表情。家长的表情能够给孩子带来反应。表情好,身体好;表情好,心理好;表情好,和周边人的关系好;表情好,做事就积极。一个总是微笑的人,全身都在微笑。孩子面对家长,如果家长是微笑着的,就会让孩子感到亲切随和而乐于接触。

3.要有稳定的情绪状态。家长的情绪会影响到孩子的情绪变化和心理反应。家长在孩子面前务必保持自身稳定的情绪,做到情绪自控。特别要注意的是,家长在外面有什么不顺心的事情,绝不可以把坏情绪带回家。如果家长长期情绪不稳定,久而久之会让孩子形成偏执、狭隘的性格和自私、自卑的心理。

4.要有尊重和真诚的目光。家长对孩子一定要注意多用柔和、尊重、真诚的目光,使孩子感到心情舒畅、身心愉悦,对生活充满信心。无论孩子的学习、表现如何,家长都不能对孩子施以白眼、斜视、瞪眼,这样会刺伤孩子的自尊心、自信心和上进心,让孩子产生一种被亲人看不起,不信任的感觉。

5.要注意自己的穿着打扮。作为家长,平时在自己的穿戴上一定要加以注意,因为孩子从小生活在家长身边,最直接影响孩子的就是看得见摸得着的家长的形象了。如果家长在孩子面前总是保持美观整洁、大方得体的外观形象,孩子就将得到非常具体的美的教育,滋养出一种愉悦、舒适的健康心理。

总之,"双减"政策出台后,孩子和家长都从作业堆、辅导班中挤出来了一定的时间,亲子相处的时间自然增多,作为家长要不断充实自己、以身作则。这样,孩子才能有样学样,学出好样来。

## 第三节　家人教育孩子的思想要统一

在我们家庭教育的现实中,家长在教育孩子的问题上有相互之间意见不统一,教育行为上相互掣肘的现象。

有的家庭中对孩子的要求、标准等存在差异。一方严格地惩罚,另一方却因心疼而反对。爸爸禁止的事情,妈妈那里可能允许;爸爸妈妈提倡的事情,外婆、外公、爷爷、奶奶可能又反对。

特别是,有的家长为了按照自己的方法教育孩子而当着孩子的面批评另一方,甚至相互指责、发生争吵。这样孩子会想,家长都争争吵吵,谁也说服不了谁,还来教育我!所以,家庭教育首先需要调和好家长之间的关系,在孩子的教育问题上达成统一思想。也只有这样,才能

营造良好的家庭环境,才能保障孩子的健康成长。

还有部分家庭,当孩子取得成绩时,家人争"功",各自认为是自己教育的成功,而当孩子犯了错误、出了问题时,又互相推诿、指责对方,"你看,都是你把孩子教坏了"。长此以往,让孩子有空子可钻,习惯性地找借口,即使犯错也不会主动承认。

如果一个孩子同时接受多位家长不一致的教育,接受多种要求、期望、价值观,得到多种不同的评价,这对孩子的成长是十分不利的。

1.容易弱化家长对孩子的教育,不利于孩子获得成就感和价值感。曾经有位同事问我,她和孩子爸爸的教育观念不统一,怎么办?我让她说具体一些。她说自己在厨房忙活,她儿子做完作业后也来厨房,说想学炒菜。于是,她便手把手地教儿子做番茄炒鸡蛋。还表扬儿子热爱劳动,长大后不会饿肚子。这样,经过一段时间后,她儿子陆陆续续学会了炒七八个菜。有客人来,她儿子还能露一手。可是,有天晚上她正与儿子看电视上的美食节目,讨论炒菜的事,他爸爸却在旁边接话说:"净做些不务正业的事!"她儿子不服气地对他爸爸说:"我喜欢!"不过,后来她儿子对炒菜就不热心了。

显然,这是家庭教育理念的不统一。出现这种情况,孩子不知道应该听妈妈的,还是听爸爸的。即便是孩子相信一方,那么另一方的反对意见也会让孩子产生潜在的自我怀疑。

这样,不仅会让孩子无所适从,还会混淆孩子的是非判断标准。孩子小时候不知道该听谁的,长大一些后也可能谁的话也不听,家长也管不了。这种环境下长大的孩子,做事情也常会表现出患得患失、举棋不定,甚至有的长大成人后会显示出多重人格。

2.容易影响家长教育孩子的威信,让孩子钻空子,产生投机心理。与家长接触中,经常看到一个家庭里家长的教育不一致的情况。妈妈说东,爸爸说西。爸爸严格,妈妈护短。比如,有个家庭的孩子经常逃学,有一次被男家长狠狠地教训了一顿,孩子十分害怕,承诺不再逃学。可女家长却把孩子拉到旁边,一边安慰孩子,一边指责丈夫,生气地说:

"孩子还小,错误要慢慢改,急什么!你小时候还不是逃过学。"

妈妈这样的做法,就会减弱爸爸教育孩子的力度,可能让孩子意识不到错误,即便知道错了,也不会改变。因为妈妈的态度让孩子感觉爸爸是不对的,或者认为爸爸的教育过分了。孩子下次再犯错误的时候很可能抱有这样的幻想:"有妈妈呢!"这样,不仅会影响家长教育孩子的威信,还会让孩子产生投机心理。

3.容易让孩子生活不能自理,做事动作慢,胆小或过早产生叛逆。如果一个家庭里对待孩子的态度不统一,是会影响家庭教育的质量的。曾经有位女家长给我讲,孩子他奶奶溺爱孩子,要什么给什么,生怕孩子吃一点苦,家里好吃的,首先满足孩子。上初中了,不仅不做家务事,连自己的房间也不收拾。她一喊孩子做事,孩子他奶奶总会说孩子还小,长大了自然就知道做了。孩子还给她翻白眼。为教育孩子的事,婆媳之间多次斗嘴。

溺爱下的孩子,依赖性强,生活自理能力差,还往往表现出胆小、自私。如果在家庭中有一方家长对孩子又过于严厉,甚至动辄打骂孩子,这样生活在反差较大的家庭环境中的孩子,更容易过早产生叛逆。

那么,在"双减"政策之下,我们家长又该怎样统一对孩子的教育思想呢?

1.家长要统一对教育的认识。面对孩子的教育,家长要高度重视。教育孩子是一个漫长的过程,家长在教育孩子的问题上不能长期存在意见差异。统一教育思想是改善亲子关系、保证教育效果的大事。教育孩子是家长共同的责任和义务,要把对孩子教育的成功看成家长共同的需要和成功。

2.家长要不断地沟通和学习。家长要明白,孩子心灵健康和谐的成长只靠家庭中的一方教育显然是不够的。家庭教育需要家长经常交换心得、相互学习、统一认识,遇事要沟通协商。对一些不懂或棘手的教育问题,要善于请教取经,善于看书学习。这样的家庭教育才可能做到态度统一、口径一致。

3.家长要学会相互理解和尊重。当家长对孩子的教育意见不一致时,不要当着孩子的面批评另一方,这样会因被批评方在孩子心中的形象受到影响而削弱教育的效度,要学会避开孩子来商讨最好的解决方法。当家长教育孩子的价值观存在分歧时,要尽量在向孩子表达自己之前协商一下,即便不能统一,也要避免产生明显的对立,至少要让孩子感到家长各有各的道理。

总之,对于一个家庭来说,孩子所受到的教育来自家长的共育。只有家长平等相待、相互尊重、相互理解,在教育孩子的要求、方法、态度上协调一致,并相互配合,应宽则宽,应严则严,共同在孩子面前树立起良好形象,才能让孩子接受家长的教育,形成家庭教育的合力。

## 第四节 "双减"不是让家长无事可干

不同的家庭,对待孩子的家庭教育不一样。有的家长选择了躺平。

所谓"躺平",是网络流行词,是指无论一方做出什么反应,另一方的内心都毫无波澜,对此不会有任何反应或者反抗,表示出顺从心理。

在教育孩子成长的过程中,家长带着责任而扮演重要的角色,经营好家庭教育环境是家长的本分,任何时候都没有无事可干的理由,都不能够躺平。

有的家长会说,儿孙自有儿孙福,没必要操那么多心、费那么大力,活在当下,痛快就好,不要把自己搞得太累。殊不知,教育不好孩子,家长自己的后半生也不会幸福,孩子一生也就没有幸福,甚至影响三四代人的幸福。在家庭教育中,我们家长只有播种希望,付出汗水,才可能收获丰硕的果实。

"双减"政策出台后,减轻了孩子的作业负担,让孩子的起点更公平,环境更健康,成长更平衡,让家长避免陷入无尽的学校作业和课外辅导中,但是并不是减轻做家长的责任,也绝不是摒弃家庭教育。

在"双减"政策的背景之下，我们家长不能高枕无忧，不要以为万事大吉，从此撒手不管，而是要引导孩子放学回家后完成剩余的书面作业，进行必要的课业学习，要陪伴和引领孩子完成力所能及的家务劳动，开展适宜的体育锻炼，开展阅读和非学科学习。

"双减"政策的出台并不意味着家长终于可以躺平，不再操心孩子的学习。我们家长要明白"双减"政策的要求，重点不在于减负，而是重新思考如何教育孩子，适时调整教育途径和方法。在整体改善教育生态的过程中，家长是一个非常关键的因素。家长一方面要尊重孩子的独立自主性，给孩子充分的成长空间；另一方面也要尽到家长的责任和本分，绝不能对孩子放任自流，或者把教育孩子的责任完全推给学校。学校老师面对的是几十个孩子，不可能对所有孩子进行个性化的特殊关注。对孩子个性化的教育只能由我们家长完成。

那么，在"双减"政策之下，家长如何避免躺平，无事可干呢？

首先，要认识到"双减"政策对家庭教育提出了更高要求。在"双减"政策之下，教育重新回归了学校，回归了家庭，家长务必积极经营好家庭教育环境，转变原本的急功近利，放弃"唯分数论""唯升学论"的教育观念。

1.家长要配合学校，共同做好孩子的教育工作。要让孩子全面发展，帮助孩子更健康、快乐、智慧地成长。要构建和谐的家校关系，密切家校联系，并在学校老师的帮助和指导之下，更新家庭教育理念，理性规划孩子未来的发展方向。

2.要融洽家庭成员关系，与孩子形成良好的沟通。要指导孩子合理用好在家的时间，加强网络行为监管，防止孩子沉迷于网络游戏。要督促孩子养成良好的学习和生活习惯，具有良好的思想品德和心理品质。

3.要加强家长自身的学习，不断提高家庭教育水平。家长应尽可能参加一些家长培训班，多听一些家庭教育讲座，多关注一些家庭教育公众号，多买一些家庭教育书籍来自学，多和周边有家庭教育经验的朋友交流探讨。只有家长自身的水平提高了，才能树立科学的教育观。

其次,要扮演好新时代新家长的家庭教育角色。在"双减"政策之下,想让孩子脱颖而出,需要家长的教育理念更加的科学合理,经营好更适合孩子成长的家庭环境,投入更多的时间陪伴、培养孩子,善于从根本上解决孩子的家庭教育问题。一般说来,家长要做好四件事:

第一件事,家长要做好孩子的榜样。身为家长,不能放松对自己的要求。家长要明白,孩子的样子就是家长的一面镜子,孩子的问题很多时候映射的是家长的问题。家庭成员的关系、家长的心理健康状况,以及为人处世的态度等,都对孩子产生着潜移默化的作用。家长的示范是别的教育无法替代的,也是别的环境无法提供的。仅仅对孩子说教往往没有效果,家长用自己的行为给孩子做出榜样才是最好的教育。

第二件事,家长要用心陪伴和培养。陪伴是最好的教育,也是帮助孩子成长最好的礼物。好孩子是陪伴出来的,家长爱心、细心、耐心、精心的陪伴是孩子成长中必不可少的养料和精神慰藉。在"双减"政策之下,孩子的自由时间多了,增加了家长陪伴孩子的时间和空间。家长要合理安排好、陪伴好孩子,并做到在陪伴中培养,做好学校教育的接力工作,助力孩子的成长。

第三件事,家长要与孩子亲子共读。良好的阅读习惯能让孩子终身受益,阅读不仅仅是为了考出好成绩,更是从阅读中体会人生。孩子的阅读是从亲子共读开始的。家长可以为孩子创造阅读环境,设置好固定的书房、书橱。在家里最好能随处、随手都能拿到书籍,让孩子能随时随地阅读。还要与孩子共同讨论阅读的内容和感受,让孩子充分表达自己的观点。

第四件事,家长要让孩子养成良好的习惯。教育家叶圣陶说过,教育就是培养良好的习惯。从孩子小的时候开始,家长就要培养孩子的习惯意识。一般要注意培养孩子良好的学习习惯、生活习惯。学习习惯包含自觉学习、时间管理、看书阅读、独立思维等。生活习惯包含注重个人卫生、参与家务劳动、讲究文明礼仪、热爱体育运动等。关注、督促孩子养成好习惯是家长的责任,是智慧的家长最重要的教育内容。

总之，家庭教育从来不是一件容易的事，也不是一件无足轻重的事。在"双减"政策之下，家长不能放养孩子，不能躺平，无事可干。家长不要误读"双减"政策，要对家庭教育负责。如果有家长选择躺平，既不是无为而教的好方法，也不是豁达开朗的高修养。如果家长选择躺平，让孩子自由生长，那么"双减"不仅仅减了孩子的负担，还减掉了孩子的未来。大多数优秀孩子的背后，一定有优秀的家长和优质的家庭环境。孩子的未来里藏着家长足够的耐心、远见、格局。

## 第五节　家，需要有书香气

"书香"的名称，源于一种叫芸香草的植物，因其散发出的香味能杀死书虫，爱书如命的读书人就把芸香草夹在书中，将其飘散出的缕缕香气称为"书香"。所谓"书香气"，指读书风气。

书香气是一个文明家庭的标配，对孩子的健康成长意义重大。读书学习，可以医愚、医俗，改变一个家庭的精神氛围。读书学习，可以让我们家长保持思想活力，得到智慧启发，滋养浩然之气。读书学习，可以陶冶孩子的情操，培养孩子的道德品质，提升孩子的文化素养，对孩子的健康成长起着很大的作用。

家庭成员具有自觉读书的好习惯，不仅有利于建设和睦美好的家庭，有利于子孙后代的成长进步，还可以成为我们家长自身改造思想、加强修养的重要途径，成为净化灵魂、培养高尚情操的有效手段。

一个家庭的书香气影响着孩子的健康成长。在现实生活中，有的家长的职业及住房条件可能不尽如人意，家庭物质生活匮乏，但是只要爱读书，就能从书中汲取精神力量，就能做到家庭和睦，就能让家庭成员之间感情融洽，态度和善，为人谦虚，彼此理解、包容，这些都是对孩子真诚和理智的教育。

相反，有的家庭收入很高，物质生活条件很好，但是家长不爱读书，而是追求享乐,思想空虚,性情暴躁,言语粗鲁,对长辈缺少孝敬,甚至埋怨、责骂、争吵、打架的声音此起彼伏。如果孩子长期处在这种环境中,容易形成孤僻、自私、玩世不恭等不良品质,对孩子的心理健康产生负面影响。

　　一个家庭的书香气影响家庭成员的文化知识。只有文化的阳光才能照亮家庭;只有知识的良药才能疗救愚昧无知的心灵。普照着文化知识阳光的家庭定能走出奋发有为、气宇轩昂的好孩子。读书能把千万个沉没在低级、庸俗、浑噩泥潭中的迷茫者搭救上来,让他们变得文明、儒雅、有理想、有作为。因此,人们常说:"腹有诗书气自华。"

　　可是,读书学习是一件不易的事情,需要我们家长倍加努力。

　　读书是一个需要付出长期辛劳的过程。家长各有各的事业、各有各的追求、各有各的爱好,加之工作任务重、节奏快、生活压力大,要静下心来读书学习,确实是一件难事。即使如此,为了孩子的成长,我们家长还是要有恒心、有毅力读一些书,养成读书的好习惯,营造书香气。

　　读书不能心浮气躁、浅尝辄止,而应当先易后难、由浅入深,循序渐进、水滴石穿。正如荀子在《劝学篇》中所说的:"不积跬步,无以至千里;不积小流,无以成江海。"坚持不懈地读书学习,辛勤耕耘,久而久之,一定会结出硕果,给家庭幸福增光添彩。

　　家长不能把孩子的读书和学习全寄托在学校老师身上,因为孩子一年有很多的时间都在家里。就养成读书习惯而言,家庭教育更重要。有的家长,把心思都用在为孩子找好的幼儿园、找好的学校上,这种心情和做法是人之常情,可以理解,无可厚非。问题在于千万不能忽视家庭环境的教育作用,忽视家庭书香气对孩子潜移默化的影响。故此,我们家长应该赶快行动起来,给孩子做"爱读书、读好书、善读书"的好榜样,让自己的家庭弥漫书香气。

　　"双减"政策出台后,孩子有更多课余时间需要我们家长安排好,况且孩子的文化素养的提升也需要阅读,那么,引导孩子热爱读书不失为一种好的选择。要想让孩子喜欢阅读,家庭读书氛围很重要,构建有书香气的家庭环境具有必要性。

那么,我们家长如何让家庭有书香气呢?

在"双减"政策的背景之下,孩子减了作业负担,有了充足的时间进行纸质书阅读和网络阅读。家长应推荐国学经典、名著、励志类书籍给孩子阅读,让书籍中蕴含的人生智慧浸润孩子的心灵。家长应有教育和培养好孩子的责任感、使命感,要自觉养成读书和学习的好习惯,营造家庭阅读氛围,共建书香家庭,培养孩子的阅读素养和人文情怀。

1.家有书柜、书房。家里的书柜,要成为孩子最好的补习老师;家里的书房,要成为孩子最好的校外辅导班。

家长要尽可能让家里有书柜、书房。书柜不一定要漂亮,只要能装书就行;书房不一定要多么讲究,尽可能安静、独立就行。家要有书香气,首先要有书。

我们家长要经常带孩子去实体书店看书、买书,或者看别人看书、买书,让孩子受到感染。也可以和孩子一起逛网上书店,一起讨论买什么书。闲暇时,与孩子一起讨论当下的热门书籍。如果家长一有空闲时间就使用手机玩微信、看抖音、打游戏,就上网购物、聊天、发微博,很少亲自看书学习,那么家里就会出现信息化太盛,而书香气不足。

2.家长要热爱读书。家长要喜欢读书看报,追求新知识。家长读书,不仅滋养了自己,还感染了孩子。

家长读书的行为和精神会营造出浓厚的读书氛围。在这种氛围熏陶下,孩子从小也会喜欢上读书,就会把读书当成生活的一部分,读书的习惯就会融入血液里。

读什么书呢?家长可以结合自己的爱好兴趣、职业需要读书。还可以多读家庭教育、孩子成长规律方面的相关书籍。家长在忙碌一天回到家以后和孩子一起读书,也是放松休闲的一种方式。如果家长没看书的习惯,而是喜欢看电视、耍手机,那么就容易让孩子也沉迷其中。家长不爱看书和学习,却指望孩子多读书、提高学习成绩,显然是不可能的事。家长喜欢读书是营造书香家庭的重要条件。

3.要与孩子一起读书。家长要以书为媒,以阅读为纽带,与孩子分享多种形式的阅读过程。当家长与孩子一起读书时,很容易让孩子感受到读书的快乐。

"双减"政策出台以前,孩子忙着辅导班和作业,现在孩子闲下来了,终于有了时间阅读了,那么,家长就好好地给孩子挑选几本课外书,自己也抽出时间和孩子一起共读,享受难得的亲子共读时光。

亲子共读是一种阅读方式,增进了亲子关系,是家庭教育中一道美妙的风景。亲子共读,分享读书的感动和乐趣,让孩子体验岁月静好,慢慢养成良好的读书习惯。亲子共读,可以带给孩子欢喜、智慧、希望、勇气、热情和信心。亲子共读,家长和孩子就可以相互学习,互为促进,共同成长。如果家长自己看电视、玩手机、搓麻将,而想让孩子好好看书、学习,那么这将不过是家长的奢望。孩子的阅读习惯是从"亲子共读"开始的。

总之,在"双减"政策之下,营造有书香气的家庭环境对孩子的健康成长很重要。我们想要让孩子多读书,最好的教育就是我们自己也喜欢读书、学习。我们家长只有给孩子营造一个良好的读书环境,让家有书香气,并让这种香气弥漫在家庭的时空里,孩子才会爱上读书和学习。

## 第六节 家,要有良好的家风

家风,一般指一种由父母或祖辈提倡并能身体力行和言传身教,用以约束和规范家庭成员的风尚和作风。家风是一个家庭长期培育形成的一种文化和道德氛围,具有感染性、引导性、约束性、规范性。家风是家庭伦理和家庭美德的集中体现。

一个家庭或家族,其家风的好与坏、正与邪,是有长远影响力和强大渗透力的,它会长远地影响到许多代后人的成长。

一个良好的家庭或家族,一定有良好的家风。家风也许是口口相传的,也许是有文字传承的。

"双减"政策要求降低教育成本,促进孩子全面发展、健康成长,提高孩子的整体水平。这就迫切需要我们家长设计好、执行好家风,因为家风是一种力量,不仅有利于孩子学习知识文化,还有利于育好人,能引导自家孩子全面发展、健康成长。我们家长要经营好家庭环境,首要任务就是要培育良好的家风。

况且,家有家风,还是国家法律的要求。2021年10月23日第十三届全国人民代表大会常务委员会第三十一次会议通过的《中华人民共和国家庭教育促进法》,就有5条提到了"家风"。

第一条就提出全社会要"注重家庭、家教、家风,增进家庭幸福与社会和谐,培养德智体美劳全面发展的社会主义建设者和接班人"。第四条要求"国家工作人员应当带头树立良好家风,履行家庭教育责任"。第十五条明确了家长应当"注重家庭建设,培育积极健康的家庭文化,树立和传承优良家风,弘扬中华民族家庭美德。"第三十五条希望妇女联合会要发挥妇女"在弘扬中华民族家庭美德、树立良好家风等方面的独特作用"。第三十七条还要求"国家机关、企业事业单位、群团组织、社会组织应当将家风建设纳入单位文化建设"。

鉴于此,我们家长朋友,就有必要在家风建设上动脑筋、下功夫。

首先,我们家长要知晓家风的特点。

1.传统家风的特点。一是具有榜样性,家风作为一个家庭或家族共同认可的价值观,它的提出必须具有权威性和典范作用;二是具有社会性,家庭是社会的细胞,家风的存在与社会风气、潮流相适应;三是具有传承性,"世代相传"和"生活作风"是家风的两个重要标签,家风很大程度上体现在生活作风的传承上。

2.新时代家风的特点。一是具有吸纳性,表现为对中国优秀传统文化的吸纳,有深厚的传统文化底蕴,又不拘泥于中国传统文化,而是走出去,学习世界的先进科学;二是具有创造性,表现为"红色家风"的诞

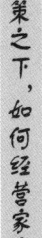

生和发展。三是具有创新性。

其次,我们家长如何树立好、执行好家风。

1.注重以德立家。观察发现,如果一个家庭或家族的家风正,那会在家庭或家族内交相辉映;反之,如果家风不正,那就会发生交叉感染。我们家长一定要用德行、德言来要求自己,因为那是榜样的力量。

民间谚语说:"有好儿孙荒成业,无好儿孙业成荒",就是告诫人们,一定要以德教子,以德树人。我们家长要把立德树人作为新时代家庭教育的核心要义,始终将思想品德放在教育的第一位,把以身垂范作为新时代家庭教育的基本方法。家长要在家庭教育、家庭文明上做好示范,成为"家风"建设的表率。

2.重视书香不绝。家长要坚持走"文化兴家,读书树人"之路。一个高度重视学习、重视读书的家庭,一定倡导文化兴家,提倡书香不绝。一是读书可能改变一个家庭的门第,也可能改换一个家庭的家风;二是书香不绝不仅可能改变一个人、一个家庭的精神面貌,还可能改变包括孩子在内的家庭成员的命运。

总之,在"双减"政策之下,我们家长要让家庭教育回归本真,要以家风建设为切入点,回归到亲子陪伴、言传身教和立德树人上来,让好的家风、家教成为伴随孩子一生的宝贵财富。

## 第七节 孩子需要安全感

人需要安全感,孩子尤其需要安全感。给孩子一个安全的家庭环境,是孩子身心健康成长的基本保证。

安全感,是孩子心理成长中最重要的因素。有安全感的孩子的内心世界表现出一种自由自在、从容不迫、安宁祥和。安全感有助于孩子的身体健康、思维敏捷、情绪稳定、性格开朗;有助于孩子学习有信心、做事有勇气、与人和睦相处;有助于孩子接受和适应群体活动,潜能得到最大的发挥。安全感还能提升孩子成长中的适应、探索、创造能力，以及掌握和享受快乐幸福的能力。

反之，如果我们家长不能给孩子提供安全的家庭环境，不能帮助孩子形成健康的安全感，其负面影响将会伴随孩子的一生。

那么，可能造成孩子没有安全感的原因有哪些呢？

1.孩子的基本需求得不到满足。打骂孩子，把孩子轰出去，把孩子锁起来，让孩子吃不到饭，孩子冷的时候不给孩子及时添加衣服，孩子生病也不及时去治疗。

2.孩子有一种被抛弃的感觉。爸爸妈妈要么离婚，要么出现家庭冷暴力，孩子的事情相互推诿。或者把孩子托付给其他长辈，或者生活中总是哄骗孩子等。还有，对孩子的情感、冷暖毫不在乎，让孩子觉得自己是多余的。

3.不能正确地评价孩子。不能结合孩子的实际情况看待孩子的成长过程，一味贬低孩子，总爱拿"别人家的孩子"来和自家孩子做比较，不停地夸耀别人家的孩子，让自家孩子没有自信，生活在自卑、害怕之中。

4.家长的不良情感影响孩子。如果家长之间的吵架殃及孩子，让孩子觉得是因为自己的事才会让家长吵架的，孩子会很内疚。或者家长的情绪不稳定、喜怒无常，让孩子捉摸不透，不敢亲近，只能观察大人的脸色行事。

5.家长不给孩子表现机会。家长认为孩子无论做什么事都做得不好，甚至平常孩子说话也认为说得不好，经常指责孩子。这样长久下去，孩子会认为自己很无能，做起事情来放不开，缩手缩脚的。

在"双减"政策之下，首要任务是保证孩子的安全和健康，而经营好家庭环境是完成这一任务的基本条件。我们家长要遵守家庭教育的基本规律，把好家庭教育的分寸，做到给孩子自由而不放纵，宽容而不纵容，严格而不严厉，责罚而不体罚。

那么，家长应该怎样经营好有安全感的家庭环境呢？

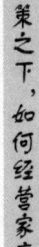

1.家长要为孩子设置安全的物理环境。安全的起居和活动环境是孩子获得安全感的起码条件。特别是小孩子的活动,要尽量在平坦的路面上进行,以防孩子跌倒。不要将小孩子放在高椅或高桌上,以防孩子坠落下来。孩子住所房间的光线要柔和,避免刺激孩子的眼睛。不要给孩子颜色灰暗、形状丑陋、难于操作和容易损坏的玩具。

2.家长要给孩子充分的亲情陪伴。家长无论多忙,都要抽时间陪伴孩子。如果孩子得不到家长的陪伴,不仅很难养成良好且有规律的生活习惯,而且安全感也无从建立或培养。如果经常性地把小孩子一个人留置于家中,孩子就会在害怕中度过,听到敲门声或家里有响动声就会害怕。家长在陪伴孩子时可以参与孩子的活动,或者通过玩耍中的肢体接触帮助孩子建立安全感。

3.家长要让孩子尽快熟悉新的环境。孩子进入一个陌生环境、场所以前,家长要找机会先让孩子熟悉一下,带着孩子在陌生环境周边走走看看讲讲。比如,到新学校前,家长应先带孩子参观学校,让孩子熟悉新环境,对新的地理环境和人文环境有一个初步的了解和适应,这样可以驱除孩子对新环境的抵触和惧怕心理。

4.家长要给予孩子温柔的声音。害怕响亮的声音是孩子,特别是小孩子,与生俱来的天性。婴儿听到巨响,会四肢伸张,有惊怕的表现。就是青少年也反感家长大声粗气地与自己说话。因此,家长要尽量避免大声呵斥孩子,与孩子对话交流时尽量温和小声。

5.家长要容许孩子的哭泣。有时候孩子经受小小的挫折就可能让其感到很委屈或孤立无援,孩子可能采用哭泣的方式吸引大人的注意力,来寻求一些安慰。这时,家长一定不能训斥,因为适当的哭泣对孩子来说是一种很好的宣泄方式,可以及时排除负面情绪,协助其建立安全感。

6.家长要关注孩子的情绪状态。家长要充分重视和关注孩子的心理健康,促进孩子的身心健康。家长不管工作多么忙碌、精力多么有限,都要关注孩子的情绪,尽量为孩子创造一个相对和谐宽松的家庭氛围,要懂得适度调节孩子的学习和生活节奏,引导其做到劳逸结合。当感觉到孩子受到负面情绪的困扰时,要及时了解原因并进行疏导,帮助孩子走出心灵困境。

总之,帮助孩子建立安全感,责任主要在家长。家长既要设置安全的家庭环境,又要培养孩子的意志品质,还要及时地、可靠地、始终如一地满足孩子正当的心理需要,唯有如此,孩子才会有安全感。

第三章 "双减"政策之下,如何经营家庭环境

# 第四章 "双减"政策之下,如何增进亲子关系

要想有好的家庭教育,良好的亲子关系是基础。"双减"政策的出台,放大了家庭教育的重要性,增加了家长与孩子接触的时间,增多了亲子碰撞的机会,为增进家长与孩子的互相了解、信任、情感,以及顺畅沟通提供了更加方便的条件。

亲子关系就是家长与孩子的关系。亲子关系是一种双向作用的人际关系。亲子关系是每个人来到世间的第一人际关系,它对每个孩子的身心健康都是十分重要的。

孩子在家长的养育下成长,家长的教育理念、教育行为、思想道德、处世态度、知识文化等都会作用于孩子。亲子之间的互动不仅可以帮助孩子更好地认识自我、建立自我同一性,还可以帮助孩子摆脱自我中心,建立同理心,心中有他人,并将视野投向更广阔的群体、社会、国家和世界。

随着孩子年龄的增长,家长与孩子的关系会不断地演变。如果家长了解孩子发展中的生理、心理特点,并给予孩子关心、期待、要求、评价,孩子对家长就会尊敬、认可、体贴,亲子关系就会和谐亲近。反之,则不然。

本章与家长谈谈亲子关系的重要性以及如何构建和谐的亲子关系。实践经验告诉我们,没有良好的亲子关系就没有良好的家庭教育。

"双减"政策的出台为家庭构建和谐的亲子关系提供了更加有利的条件,家长一定要与孩子建立信任关系,有质量地陪伴孩子,走进孩子的心灵并倾听孩子的心声,掌握与孩子交流沟通的技巧,有效地开展家庭活动,创造与孩子肌肤接触的机会,寻找和孩子的共同语言。

## 第一节 搞好亲子关系的关键是信任孩子

信任是家庭和睦的凝合剂,是孩子健康成长的阳光雨露。信任是一种坚实的依靠,犹如在黑夜中亮起的一盏明灯。信任可以让处在迷茫、困惑中的人和精神恍惚的人得到安慰,得到安全感。

信任也是家庭幸福的源泉,是建立和谐亲子关系的前提条件。如果家庭成员之间没有信任,一切都无从谈起,生活将会一团糟,就不会有孩子的快乐成长,不会有和谐的亲子关系和良好的家庭教育。

在亲子关系中缺乏信任的孩子,经常会出现两个极端,要么"火星撞地球",每天与家长顶撞;要么沉默不语,不仅关闭房门,还关闭心门。所以,家长一定要重视与孩子建立信任。

那么,家长信任孩子对建立和谐亲子关系有何积极意义呢?

1.信任能让孩子心情舒畅,是孩子积极向上的保证。孩子被家长信任,就会从家长那里得到赞许、表扬,孩子就会认为自己是一个有能力、被重视的人,就会心情舒畅、情绪稳定,有一种积极向上的自信心。这样,孩子的行动表现也就会更加积极、果敢。

2.信任能让孩子克服困难,是孩子勇往直前的力量。如果孩子在失败和犯错误时能得到家长的信任,孩子就不会担忧家长不高兴、被指责,就会得到莫大的鼓励,增添无穷的自信和动力用来改变自己。信任可以让孩子在挫折中不断地自我教育,从中吸取经验和教训。

3.信任能让孩子学会自尊自爱,是孩子健康成长的基础。在没有证实孩子说的话是谎言之前,家长要给予孩子高度的信任,孩子才会信任家长,向家长敞开坦诚之门,就没必要用撒谎作为屏障来保护自己,孩子就没有谎言被揭穿后的尴尬和自尊心受损。

4.信任能让孩子自由成长,是孩子获得快乐的保障。如果家长选择信任孩子的决定,孩子就有了自由的空间,说话做事就放得开,全力以赴去做自己喜欢的事。孩子生活在这样的家庭中,就会感到快乐幸福,就会感激家长,亲子关系就会变得健康、和谐、融洽。

5.信任能让沟通变得顺畅,是孩子表达思想情感的关键。家长要想了解孩子的所思所想、所需所求,就要把孩子放在与自己平等的地位,遇到涉及孩子的事情都与孩子商量,当好孩子的参谋,这样,孩子就会把自己的喜怒哀乐主动地告知家长,或者遇事与家长商量,听取家长的建议。

6.信任能让家长走进孩子的心里,是消除误会最有效的方法。只有有了信任,家长才能够真正地了解孩子的真实想法,理解孩子的心思,才不会用成人的思维定式去判定孩子。有了信任,一旦出现亲子误会,一方就会主动与另一方沟通,就很容易及时地消解误会。

"双减"政策之下,家庭教育越来越重要,而要想有好的家庭教育,就要有亲子之间的信任。孩子在成长历程中,总是渴望得到家长的赏识、尊重、信任、肯定。信任是爱的表现,是最好的激励,是一种拥有生命的感觉。孩子需要在信任中去努力学习、幸福生活,在信任中去改正错误、改变不良习惯。所以说,信任是构建和谐亲子关系的前提。

那么,家长与孩子如何建立良好的信任关系呢?

1.家长要做到言行一致。身教重于言教,家长的一言一行都在孩子的视野中,对孩子有潜移默化的影响。在平常的生活中,家长要讲信用,为孩子树立诚信的榜样。只有家长言行一致,才能与孩子建立起良好的信任度。家长不仅要会说能说,还要身体力行,承诺了的事一定要兑现。如果家长对孩子失约了,就要做好沟通工作,勇于向孩子道歉,让孩子理解家长的失约,这样才不会影响亲子信任关系。家长一定不

要成为"说话的巨人,行动的矮子"。

2.家长要学会尊重孩子。信任本身是一种尊重。如果让孩子感受到来自家长的尊重,那孩子就会觉得家长是信任自己的。家长要学会尊重孩子的想法、愿望,让孩子遇事愿意与家长商量;要学会用赏识和尊重孩子的行为换取孩子的好感;要学会尊重孩子的小伙伴,获得孩子的感谢;要学会尊重孩子隐藏的秘密,让孩子对家长放心。当孩子想要向家长表达想法和观点时,家长要给足时间,耐心地倾听孩子的话;当孩子要求和家长一起游戏或参加活动时,家长不要置之不理,甚至训斥孩子,而是应该尽力配合,或者做出让孩子信服的解释。

3.家长要无条件相信孩子。每个孩子都有自己的生命密码,家长要相信自己的孩子,不拿自己的孩子与其他孩子做无谓的比较。要欣赏孩子的优点,尽量地包容缺点,要知道世界上没有完美的孩子,再完美的孩子都有自己的缺点。教育家陶行知曾经说过:"教育孩子的全部秘密在于相信孩子和解放孩子。相信孩子,解放孩子,首先要赏识孩子。"孩子在成长的道路上往往会经历不断尝试、不断体验的过程,在这个过程中孩子需要得到家长的信任。当然,无条件相信孩子不等于说对孩子言听计从。

4.家长要真诚地做孩子的朋友。家长要学会做不同年龄段孩子的朋友,与孩子打成一片,一起玩耍,甚至一起胡说八道。可以与较大的孩子谈理想,说学习,论职业,议为人处世、爱情、交友,以及如何处理家庭问题等。家长与孩子对话要平等相待、平和沟通,切忌居高临下。家长做错了事要敢于认错,不要以势压人,也不要遮掩和狡辩。如果条件许可的话,家长还要多花些时间了解时下孩子们的世界里流行什么,了解孩子的喜爱,无论是电视剧、偶像、游戏,还是服饰、音乐等都要有所了解,方便与孩子做朋友。

总之,家长对孩子的信任代表着家长对孩子的肯定和认可。当孩子感受到来自家长的信任时,孩子会更加自信和努力。教育从根本上讲是建立在一种情感关系基础之上的,良好的教育依靠和谐的亲子关系来维系和推动。如果家长和孩子之间能保持和谐、融洽、信任的关系，就能构建和谐的亲子关系，这胜过一切形式上的教育。

## 第二节　提高陪伴孩子的质量

　　家的意义，不是房子的存在，而更多的意义在于房子里有孩子，有至亲至爱的家人，有温暖，有亲情，有游戏，有争辩，等等。孩子的心灵在这里存放和放飞，孩子在这里汲取各种成长的养分。如果家里没有家长，或者家长在家时间很少，孩子得不到家长的陪伴，那么，家对于孩子的意义便是不完整的，意味着缺失，或者孤独。

　　现实中，有的家长只顾自己玩耍，让孩子自由生长；有的家长忙着挣钱，把孩子交给老人照看；有的家长忙于应酬，对孩子不管不顾；等等。这些家长各有各的忙活，还各自都有理由，就是舍不得花时间陪伴孩子。

　　如果家庭成员长期没有共同时间，其实是虚拟的家庭，家庭教育也将成为虚设。家长与孩子没有共同的时间，或者时间很少，是无法倾听到孩子的心声的，也就不能了解孩子的各种需求和成长烦恼，看不清孩子成长的脚步，当然，也就无法随时指引孩子行走的方向。

　　亲子没有共同时间就是"失陪"。"失陪"的家庭将失去教育必须具有的相互沟通、分享快乐的土壤和阳光，会让孩子缺少家庭的温暖和关爱，这对孩子的成长极其不利。家长要拒绝隐性失陪。

　　孩子的身心发展需要家长的陪伴，需要家长积极引导。孩子只有在情感获得满足后才能够更主动地去探索未知的世界。

　　心理学研究表明：孩子从出生起将有多年的无助与依赖（0～12岁），正是在最初的岁月里，孩子身边有养育人日日夜夜的照看与哺育，才使孩子一生对养育人有难以消除的情感联系。即使是亲生的孩子，如果家长没有守在孩子身边日复一日地付出抚养的艰辛，没有让孩子形成对家长的声音、相貌和气味的记忆，没有形成那种无法言说的依恋和感激，家长也就失去了对孩子的那种真正、永久的心理影响力与教育力。

孩子成长中的每一个脚印都不可重复，许多事情一旦错过便不可挽回。英国教育家夏洛特·梅森曾说："很多父母总是终日奔忙，从来无暇顾及孩子。当他们终于有一天想好好关心孩子时，发现竟然无法与孩子进行沟通，家长对孩子已经变得无足轻重。"因此，作为家长应当多陪陪孩子，陪孩子一起玩耍、一起做事、一起做作业，还要一起开展家庭集体活动，这样孩子才会与家长有共同语言、有情感交流，才不会孤独、无助。

在"双减"政策之下，家长和孩子从应接不暇的课外辅导班中解放出来，从如山的作业、如海的练习题中解脱出来，孩子有了更多需要家长陪伴的时间。

陪伴孩子是一项艺术，家长不仅身要在，心也要在，这样的陪伴才有质量。如果家长即使有时间陪伴孩子，但大多数时候人在心不在，比如，家长在一旁耍手机，孩子独自玩耍或写作业。这样的陪伴是没有质量的假陪伴。

如果家长忙于家务，为家庭准备柴米油盐酱醋茶，本身就是对孩子的示范教育。如果家长能带着孩子一起做孩子力所能及的事情，那是非常好的家庭教育。如果家长与孩子共同阅读一本书、共同商量某一事项，开放性地讨论某一现象，争论某一问题，或者学会聆听孩子的趣事，和孩子一起欢笑，那么这是高质量的陪伴。如果家长善于倾听孩子的烦恼，与孩子共情，并给孩子出主意，帮助孩子走出烦恼，引导孩子通过反思去尝试解决问题，这样的陪伴会让孩子终身受益。

在"双减"政策之下，只有真正关注孩子内心的成长，才是真正的陪伴，才是最有价值的投入。

家长与孩子交流沟通重要事情，或者倾听孩子的烦恼时，要将手机调成静音，表示对孩子的尊重和保证其过程不被打扰。与孩子一起看书阅读时，也最好关闭手机，营造阅读氛围，保证亲子共读的质量。这样的陪伴才充实温暖,亲情四溢。

家长尽管工作很忙,也应该尽可能地接送孩子。每隔一段时间就向老师了解孩子在校的学习情况和表现。在回家的路上,可以和孩子进行贴心交流,总结这一段时间的校园生活。回家后,要陪伴孩子总结一天的学习内容,或者完成剩余作业,让孩子养成良好的学习习惯。

每个家庭都有自家的情况,如果家长确实抽不开身,也要忙里偷闲通过电话、微信、短信等方式与孩子沟通,时不时地过问孩子一声,让孩子觉得家长没有忘记他(她)。这样,大孩子是能理解家长的,也会乖乖地等候。不过,对于小孩子来说,一定要有成人关照。

家长即使因工作需要不得不出差时,也不要忽略了孩子,而应当每天抽出一点时间给孩子打电话,有条件的话可以通过网络视频聊天,关心孩子的身体与学习情况。家长要让孩子能感知爱、学会爱,让孩子知道自己成长的身后有家长的支持和帮助。

好孩子是管出来的,优秀孩子是陪出来的。一个孩子的良好品质,不是从书上学来的,而是来源于家长的言传身教。孩子的行为习惯,根植于日复一日对家长的模仿与学习。家长是孩子最好的老师,陪伴是给孩子最好的教育。

孩子需要的陪伴有"有效期",家长的影响也有"质保期",一旦家长不珍惜,过了这个村,就没这个店。错过了孩子需要的陪伴时期,不仅会影响亲子关系,还对孩子的健康成长有负面作用。一个有责任感的家长会把孩子的成长当成自己一生的事业;一个有远见卓识的家长一定肯花时间陪伴孩子。

国家对亲子陪伴也是有法律规定的,《中华人民共和国家庭教育促进法》第十七条第一款就要求:"亲自养育,加强亲子陪伴。"

总之,在"双减"政策之下,孩子有了多余的时间,特别是小孩子,需要家长陪伴。我们家长要尽可能找到相对固定的陪伴时间,要在陪伴中专心倾听孩子的声音,了解孩子真实的需求,接纳孩子的情绪、情感,引导孩子走向自信、自强、自主。

## 第三节　倾听孩子的心声，走进孩子的心灵

在家庭教育中，家长学会倾听孩子的心声是走进孩子心灵的不二法门。倾听孩子的谈话能够创造更多与孩子交流的机会，可以增进亲子沟通，促进亲子间的相互理解。

倾听是表达对孩子关怀的一种方式，是建立和谐融洽的亲子关系的基本要求。一个孩子就是一个世界，倾听孩子的心声就是走进孩子的心灵世界。

刘老师突然爱打扮起来，经过询问，刘老师道出了原委。

有一天放学，在接孩子回家的路上，刘老师的女儿对她说："妈妈，洋洋妈妈好漂亮哟！"刘老师没在意，女儿感觉妈妈没有搭理她，走了一会，又说："妈妈，青青的妈妈也穿得很漂亮！"

当了多年班主任的刘老师，意识到孩子有想法，停下脚步，问女儿妈妈漂不漂亮？女儿回答说："妈妈长得漂亮，但不会打扮！"

原来女儿的弦外之音是：同学的妈妈都打扮得漂漂亮亮的去学校接孩子，而我的妈妈不爱打扮。于是，母女俩边走边说如何打扮的问题，刘老师没有想到女儿对打扮还有许多自己的看法。

经过这事后，刘老师注意了打扮，还学会了化妆。她明显感觉到女儿与她更亲近了。

如果刘老师对女儿的话没有认真倾听，以无所谓的态度一笔带过，孩子一定会非常失望。

学会倾听是了解孩子最有效的途径，应该引起家长足够的重视。倾听孩子的心声，倾听孩子对周围世界的理解和对未来的梦想，是家长读懂孩子，走进孩子心灵深处所必需的。家长有必要定期抽出专门时间来倾听孩子的心声，让孩子感觉到家长对他（她）的重视和关怀，这样，孩子才会对家长越来越信任，才会向家长表达自己的内心世界。

倾听是把注意力放到孩子身上,耐心地听孩子把话说完,让孩子体会到关爱和温情。孩子在说完话的一刹那,内心或许就已经得到了滋养和疗愈。这样的倾听其实是关爱的具体表现形式,是家庭教育中最起码的环节。

在"双减"政策推行之前,许多家长只倾向于对孩子的学习成绩重视,不善于倾听孩子的心声,导致亲子关系的疏远,甚至发展到亲子之间出现不交流,沟通不顺畅的现象。不少的家庭教育案例中,家长不善于倾听,经常会出现以下两种情形:

1.家长凌驾于孩子之上。有家长主观地判定孩子的问题,然后进行教育;有家长对孩子的接受水平不了解,用自己的思维模式和接受能力去衡量孩子;有家长总觉得轻易就能看透孩子,凭借自己的臆想,过多地打断孩子说话,甚至给孩子当头棒喝。这样一来酿造了不少的"冤案""错案"——孩子认为自己没有错,而家长却认为孩子死不认错。

2.不让孩子把话说完。有家长只是一厢情愿地向孩子唠叨,对孩子的想法不了解;有家长总爱抱怨,自己听不懂孩子的心声;有家长总在孩子兴冲冲讲话的时候浇一盆凉水,给孩子以打击;有家长认为餐桌上说话是不对的,当孩子兴致勃勃说话的时候就制止,让孩子好好吃饭。这些现象表面上是不让孩子把话说完,其实是家长不在乎孩子的心声。如果孩子经常受到这样的对待,就会感到自己不受重视、没有分量,话就会越来越少。

在"双减"政策之下,亲子之间关于教育的话题更多,分歧也更多,更需要我们家长善于倾听孩子的心里话。会倾听的家长,不仅能听出孩子的喜怒哀乐,还能表现出感同身受,与孩子同理共情。反之,不善于倾听的家长,往往会把自己的意愿强加到孩子身上,会生出很多误会,或者错误地批评和责罚孩子。这样就会引发孩子和家长之间的矛盾,还可能对孩子造成心理伤害。

那么,我们家长应掌握哪些倾听技巧呢?

1.带着关爱之情去倾听。倾听是对孩子的理解和尊重,也是家庭教育中最重要的内容。如果家长没有做到倾听,就无法了解孩子的心里在想什么,或是遇到了什么困难。

倾听孩子的心声不是单向的,而是一种双向的互动,也就是说,在倾听的过程中,家长应当饱含爱意地提问、关注,与孩子共情。家长要做到随时倾听,而不要等我们家长有空了才让孩子说话。这样,孩子就愿意真心诚意地与家长说话。

其实,家长在倾听孩子的讲话时不必说很多的教育大道理,更不必喋喋不休地告诉孩子应该怎么做,不该怎么做,只要家长表现出对孩子的关爱之情,就能拉近亲子情感,许多教育问题就好办了。

2.将谈话内容引向深入。通过倾听孩子说话可以了解孩子的感受和事情的发生经过,无论孩子提出什么问题,家长都要认真倾听。只有这样,才能发现问题,开展深入的教育。

家长倾听时一定要集中精力、端正态度、全神贯注,尽量注视孩子的眼睛,观察孩子说话的情感、态度,并根据孩子说话的内容一起分析问题,提出解决问题的建议。

许多时候,家长可以引导性地向孩子提出问题,将谈话引向深入,也可以通过提问引导孩子说出事情的根源所在,让孩子自己去发现问题的本质。在这样的倾听中,家长会展现自己的智慧和阅历,有助于赢得孩子的好感和信任。

3.注意孩子的弦外之音。家长要注意用心倾听,听孩子分享成长故事,听孩子说心里话,听孩子畅谈对未来的设想,听孩子表达他们的不满,听出孩子话中的话。

在倾听过程中,家长不仅要听孩子说话,还要注意孩子说话的语气和表情,注意观察孩子的一举一动,随时发现孩子说话的弦外之音。家长良好的倾听习惯是对孩子的示范,是孩子养成倾听习惯的基础。

一般情况下,家长不要对于孩子的感受或意见做出轻率的诊断。家长要在乎的是孩子把真实的想法说出来,而不是去评价说出的内容。

4.以认真、耐心的态度倾听。孩子眼里的世界和成人眼里的世界是不同的,家长要认真、耐心地倾听孩子的心声,不然,就很难发现和理解孩子眼里的世界是什么样的。

当孩子说话时,无论表达得是否清楚、完整,家长都应该耐心地等待孩子把话说完。千万不可因孩子说话过长而感到厌烦,或粗鲁地打断孩子说话。特别是孩子发表意见时,更是要耐心倾听,要给孩子提供表达的机会。即使不同意孩子的意见,也要等孩子把话讲完后再阐明自己的观点。

如果孩子在跟你说话时你在做事情,不妨暂时放下手中的事,听孩子把话讲完。这样,才能够建立孩子的自信心和自尊感,孩子才愿意把自己的心里话说出来,也才能让孩子感受到家长对他(她)的重视。

总之,家长只有认真倾听、善于倾听,才能走进孩子的内心世界,这样亲子之间才会有真实的交流沟通,孩子才愿意向家长表达自己的情感和提出自己的要求,在此基础上,才能构建起和谐融洽的、亲密无间的亲子关系,这样,在家庭教育中家长希望孩子怎么变,孩子就会怎么变;希望孩子怎么做,孩子就会怎么做。

## 第四节 掌握与孩子沟通的技巧

家长和孩子特殊的亲情关系和特别的生活场景,决定了家长与孩子沟通的可能性和必要性。

家长是孩子成长中的第一位老师,家长对孩子的影响不仅仅靠行为示范,还需要通过言语进行引导,解释许多生活现象和人生道理,帮助答疑解惑。

好家长一定善于积极地与孩子沟通,及时了解自家孩子的思想状态、情感状况,及时开展家庭教育。反之,则不然。

也有家长片面地认为,教育孩子是学校的事。其实,对孩子的成长教育产生最大影响的不是学校老师,而是我们家长自己。孩子的品德、

性格、习惯都是在家里形成的,这就需要家长平时多与孩子沟通,多了解孩子,与孩子构建起良好的亲子关系。

本来家长与孩子之间是最容易沟通、最容易相互感染的。但现实是,孩子小的时候,对家长的依赖性强,许多心里话和事情都会告诉家长,亲子沟通顺畅。随着孩子进入小学,特别是升入初高中,孩子的生理、心理、需求发生了变化,对世界的认知也大有提高,如果家长不求变化、不思进步,还固守着原来的观念,孩子就可能会与家长逐渐找不到沟通的话题。

如果家长还欠缺沟通的技巧,孩子就更不愿意与家长沟通。所以,家长在与孩子沟通时,应注意以下七个方面的问题。

1. 不要把孩子的学习成绩看得过重。家长不能把孩子的学习成绩当作沟通的主要内容,"分数"不能成为家长嘴边提得最频繁的字眼,孩子考多少分不能成为家庭气氛、亲子关系好坏的晴雨表。

2. 不要常常对孩子做否定性评价。无论是日常说话还是沟通,家长都不能把"真笨""很傻""没用"等否定性话语挂在嘴边,也不能经常用指责、埋怨、负面的语气评价孩子,还不能看不到孩子的进步和变化,以及忽视发现孩子的闪光点。

3. 不要在孩子面前表现不良嗜好。如果家长自己一身不良嗜好,赌博、酗酒等样样在行,工作得过且过,生活懒懒散散,肯定会影响家长在孩子心中的形象,那么家长在与孩子沟通时不仅自己无法做好正面教育,还会被孩子反问。

4. 不要喜欢随便揭孩子的短处。孩子在成长过程中经常会出现一些问题,作为家长应当及时给予提醒,并给孩子改正缺点的勇气和力量。当孩子在改变的过程中出现反复时,不要把孩子的承诺当话柄来刺激孩子,这样会加重其逆反心理,破罐子破摔。

5. 不要过多地在孩子面前唠叨。不要用唠叨代替沟通,从早到晚像念经一般。早上起床时"快点,到点了。"孩子出家门时"上课要注意听讲,放学早点回家。"孩子放学回来时,一见面就问"考了多少分?快去做作业。"家长的这些"正确的废话",让孩子十分反感。

6.不要把坏情绪倾泻给孩子。当遇到孩子犯错时家长要冷静,要加以引导,和孩子一起纠正错误或战胜困难。当家长工作、生活不如意时,要学会情绪克制或迁移,不要把不良情绪转移给孩子。特别不要大吼大叫对待孩子,或许小孩子会服从,但随着孩子的长大,孩子压抑的情绪就会迸发。

7.不要进行时间过长、频率过高的沟通。家长与孩子应该把好沟通的分寸,每次沟通的时间不宜太长,不要长篇大论,只要把想说的内容表达清楚即可。单位时间内沟通的次数不宜太多,这样才不至于引起孩子的反感,减弱沟通的效果。

在"双减"政策之下,家长与孩子对读书学习、为人处世、升学就业等问题,所接收到的信息和感受到的情况更为复杂,出现分歧的可能性增加。这就更需要通过亲子交流沟通来消除误会,形成共识、统一行为。这样一来,家长在与孩子沟通时,一定要做到心中有数、自我检视,不能够盲目地沟通和进行情绪化的沟通,掌握一定的亲子沟通技巧就更为迫切。

那么,家长要怎样与孩子进行沟通呢?

1.要与孩子坦诚交心。家长要与孩子开诚布公地交心,让孩子把最真实的想法、情况说出来。家长不能自顾自地讲大道理,要给孩子一个表达的机会才能了解孩子的心理,才知道孩子在想什么,需要什么,出现了问题后才能给予孩子适当的引导和帮助。

2.要与孩子平等相处。家长要把孩子视为自己的朋友,真正的朋友是无年龄、无性别、无职位、无地位之分的。要与孩子平等地相处,真心真意地交流,不能用成人的眼光,用完美无缺的标准,用居高临下的态度,用高出孩子实际年龄的期望来要求和评价孩子。

3.要多倾听孩子的心里话。应当多让孩子说,即便是孩子真的犯了错误,家长也要静下心来,站在孩子的立场上让他倾诉,不要打断孩子的话,听孩子说完,听清楚孩子的想法。这样,才能减少孩子的烦恼,增加孩子的安全感,增进亲子感情。

4. 要多与孩子商量做事。家庭教育的方法多种多样,适合自家孩子的教育方法才是最好的。遇到涉及孩子的事情,家长要学会与孩子商量、探讨,选择的教育方法或方案应尽可能是孩子欢迎并愿意接受的,这样才能调动孩子愿意与家长沟通的积极性。

5. 要多给孩子一份尊重。家长要把孩子看作有个性、人格和尊严的人,要学会尊重孩子的兴趣和爱好;尊重孩子的情绪和情感;尊重孩子的个性差异;尊重孩子的志向;尊重孩子的选择及个人的意愿。这样,才会出现亲子有效沟通。

6. 要多给孩子温和的态度。要想亲子间有良好的沟通,家长温和的态度很关键。家长只有以温和的态度对待孩子,孩子才能感到来自家长的关爱和温暖,才愿意主动并诚恳地向家长吐露心声、表达意见,才愿意接受家长的建议和教育,与家长的愿望同向而行。

7. 要选择恰当的沟通时机。通常在轻松的气氛下,孩子的精神比较放松,心情比较愉悦,才愿意心平气和地与家长沟通。比如,在饭桌上、在家人一起散步的时候。家长要善于观察,当孩子取得成绩时,也是亲子沟通的好机会。家长切忌选择在自身或者孩子心情不好的时候沟通。

总之,家长要认识到沟通的重要性,要把有效沟通当成孩子健康成长,走向成功的基石。要利用好"双减"政策出台的契机,善用沟通的技巧,构建和谐的亲子关系。

## 第五节　有效地开展好家庭活动

家庭是孩子放松的地方,孩子在家里自由自在地吃、喝、拉、撒。家庭也是最能表现出孩子个性的场所,孩子在家里毫无顾忌地表达喜、怒、哀、乐。同时,也只有家庭才能让孩子得到生活的各种尝试和丰富体验,这对提升孩子的综合素养有较大的作用。

小刚今年10岁,上小学三年级,这次暑假,全家准备出去旅游。

全家人各有分工,小刚也积极地参与家庭旅游计划的制订与实行。这次旅游的目的地是小刚选择的,为了说服家长,小刚在网上对这次旅游路线做了了解,还对路途的自然风景和人文景观先有了个初步的认识。

小刚和妈妈到旅行社预定,并了解旅行要注意的事项。还和爸爸一起去超市买了小旅行包等相关的物品。

小刚在开启正式的旅行之前做了一系列的准备,既增长了地理、历史等方面的知识,也有了许多生活体验。

家长应该多开展家庭活动,利用活动来教育孩子,让孩子获得日常知识、知晓仪式礼节、学习生活技能、发展兴趣爱好等,利用活动来加深亲子情感、增加信任,培育良好的亲子关系。

"双减"政策出台后,没有了校外辅导,孩子的作业大多能在学校延时服务课上完成。无论是从经济的角度,还是从孩子的情绪上看,很多家长都能感觉到孩子表现出的"轻松"二字。其实,这时更需要家长保持冷静、清醒。

要想提高家庭教育的质量,家长就不能只看到"减"的影响,而应思考利用孩子的空闲时间"增"什么?如何让孩子过得充实、丰富,获得更多生活体验和书本外的知识,提高孩子的综合素质和综合能力?

首先,家长要清醒地意识到活动能够教育、培养人。活动不仅可以让孩子提升生存的能力,掌握生活的技能,养成良好的品格,而且还是培育良好亲子关系的法宝。

那么,如何开展好家庭活动呢?

1.保持清醒,明确目标。"双减"减轻了孩子的学业负担,家长不要再有教育焦虑征,不要容不得孩子闲下来,看见孩子玩耍心里就像长了草一样。

家长要保持清醒,既不要重新增加孩子的学业负担,也没有必要排

斥孩子的兴趣爱好。家长要把育人而不是分数放在家庭教育的首位，要努力培养孩子适应未来社会的能力。要根据孩子的学段制订具体的近期目标，并采用适合自家孩子的教育方式、方法引导孩子实现目标。同时，还要引导孩子树立远大的理想抱负，重视培养孩子的综合素质，赋予孩子生命的意义。

2. 合理规划，有序推进。家庭教育活动不能只有目标，而没有达成这个目标的可行性规划。没有规划的活动，往往无法有序推进。活动的规划、准备阶段本身就对孩子具有教育意义，家长要根据家庭和孩子的具体情况对孩子如何达成目标做出合理规划。除了有学习活动规划，还要有一系列的其他活动安排，比如，家务劳动、手工制作、亲子阅读、锻炼身体等，要在活动中加深亲子感情。家长自己一定要在活动中起好榜样作用，要注重趣味性、智能性、教育性、节奏性。许多活动还要与孩子的兴趣爱好结合起来。开展丰富的家庭活动可以预防、消解孩子沉迷于电子产品，可以帮助孩子克服不良的习惯。

3. 带着尝试，体验生活。家庭教育的终极目标就是要让孩子快乐学习、幸福生活。只有让孩子尝试丰富多彩的活动，才能让孩子体验到更多的"味道""惊奇""刺激"等。

"双减"政策就是为了让家庭教育更有质量，让育人目标回归生活本位。所以，家长要通过开展活动让孩子体验丰富多彩的生活，感受日常生活的烟火气息。这不仅是适应未来社会生存的需要，也是应对考试、升学的需要，因为今天试题里有太多的内容就是在考查学生对社会生活的观察和体验。孩子只有亲身尝过、看过、闻过、玩过，才能回答相关的问题，才写得出生动的场景和深切的感受。

其次，"双减"政策为家庭活动提供了更多亲子交流互动的时光，让家庭亲子关系变得更加和谐成了可能。如果能开展好家庭活动，孩子健康的成长就有了预期。

那么，家长一般要开展哪些活动呢？

1. 亲子聊天活动。家长与孩子可以利用空闲时间共叙家话。一是把家长的教育观、价值观、世界观无痕地传递给孩子;二是通过轻松的聊天加深亲子了解,升温亲子关系。

无论是饭桌上,晚饭后的散步,每周星期一到五,家长尽可能每天抽一点时间与孩子闲聊,聊学校的趣事、成长的烦心事、生活的小事、社会的时事。周末可以与孩子开展主题家话,聊读书分享、热点时评、舌尖美味、生活技巧等。

2.亲子家务劳动。家长要带着孩子一起做孩子力所能及的家务,共同洗菜、洗碗、洗衣物、抹桌、拖地、收拾物品等。家长也可以从一开始与孩子共同做家务,到后来渐渐放手,让孩子自己承担部分家务劳动。也可以从简单的洗碗开始,逐渐一同去菜市场选购食材,一同做美食。

家长一定要让孩子感受劳动的快乐,懂得责任和付出,培养孩子生活自理的能力,养成喜欢动手做事的习惯,增强孩子生活的自信心,体验劳动之苦、劳动之美。

3.亲子体育运动。家长可以让小孩子听口令做动作、单脚站立、抛接球、跳格子、爬行等,让大孩子跳绳、俯卧撑、玩臂力棒、练哑铃、仰卧起坐、压腿、蹲压起。可以带着孩子到社区荡秋千、扔飞碟、学骑车、放风筝。周末可以和孩子一起参加户外运动,爬爬山,打打球,让身心放松。

家长要明白,带孩子从事体育运动好处多。运动能促进身心健康,适量的运动可以让孩子释放更多的多巴胺,令孩子心情愉悦,强身健体。此外,运动还能让孩子对自己的身体有良好的控制感,也有利于孩子自律意识的增强。

4.亲子课外阅读。家长应该懂得用阅读来填补孩子"双减"政策之后的闲暇时间。平时可以通过一起看书报、看电视节目等,与孩子交流阅读心得体会或看法,加深孩子对知识的掌握,训练其说话能力。周末可以带孩子上图书馆或书店,指导孩子借书、买书、读书,提高生活实践能力,增长书本知识。特别是中低年级的孩子,自主阅读能力尚未养成,离不开家长随时的指导。

家长最好每晚有30~45分钟陪伴小孩子阅读,让小孩子从小感受书香味。中高年级的孩子,尽管不需要家长同步阅读,但家长可以提前阅读孩子需要阅读的作品,并将自己阅读的感受说出来和孩子一起分享。阅读是家长自己不断成长、帮助孩子成长的最经济、最便捷、最有效的路径。

5.亲子兴趣活动。"双减"政策之下,家长可以陪孩子玩一些亲子游戏。小孩子可以开展老鹰抓小鸡、捉迷藏、套圈、抢凳子、跳棋等游戏,大孩子可以玩扑克、象棋、围棋等,通过活动让孩子正确看待输赢。如果孩子喜欢画画,便陪孩子尽情地徜徉在绘画中;孩子喜欢弹琴,便让孩子的指尖尽情地在钢琴上跳动;孩子喜欢听歌,就和孩子一起在音乐中放松。

家中经常开展亲子兴趣活动,可以让孩子一天学习后的紧张心情得到放松,增进亲子关系,培养孩子的专注力和思维能力,让家庭气氛更加和谐,是为孩子的生命赋能。

6.亲子户外活动。春天家长可以同孩子一起外出踏青,认识各种草,欣赏各种花,感受春天的气息。秋天可以一起参加秋收、秋种实践活动等,感受丰收的喜悦,体验劳作的艰辛。周末可以约上几家有同年龄孩子的家庭,一同外出,去附近的公园走走,享受大自然的清新空气;去附近的景点逛逛,领略四季的美丽;去老巷子、老地名看看,让孩子感受地域文化。

经常参加户外活动的孩子,能适应季节的交替变化,一年四季少生病;能利用日光等自然条件的刺激来提高体温调节的能力,以增进体格的健康。另外,户外活动既有利于建立亲子关系,还让孩子多跟小伙伴交往,发展孩子的人际交往能力。

总之,"双减"政策之下,有效开展家庭活动为亲子心灵沟通提供了更多的机会和时间。在轻松愉快的共同活动中,家长和孩子相互了解、相互磨合、相互影响、相互学习,共同面对、共同感受、共同承担、共同获得,这样一定能增进亲子的情感。

## 第六节　创造与孩子肌肤碰触的机会

有个初一的男孩子，在学校表现得比较内向，不合群。

班主任与男孩妈妈交流沟通后知道，男孩小学是在农村老家读的，直到初中才来城里。

班主任初步判断是男孩还没有适应城里的生活和环境。

有一天，男孩妈妈主动到学校找班主任，说是男孩在家里经常与家长斗气，有时还不吃不喝，坐着发呆。

当把男孩喊出来与这位妈妈一起开导男孩时，发现男孩对妈妈爱理不理。在交流开导过程中，这位妈妈去拉男孩的手时，男孩像触了电，立马吼道："不要碰我！"

班主任感觉这不像是一对亲生母子，生气地指责男孩说："她是妈妈。妈妈碰一下儿子不行吗？"男孩沉默了，低下了头。

后来，这位妈妈又去给男孩理衣领时，男孩又怒吼道："喊你不要碰我！"这位妈妈不说话了，默默地流下了眼泪。

男孩子离开后，这位妈妈告诉班主任：

小时候孩子还是挺亲近自己的，但为了生计，只好去南方打工——做装修。因工作忙，有三年没回老家，再回去时，孩子看见自己和他爸就不亲了，还躲。现在我们回本地打工，买了商品房，想补偿孩子，才把他接来城里读书。

显然，这是亲子关系出了问题。在孩子心中眼前的家长是名义上的，没有亲子之间的情景记忆。如果小男孩少有与家长牵手、抱抱、亲亲，从小没有在家长身上翻滚过，没有闻惯家长身上的气味，那么，随着孩子长大，到6—8年级，家长想亲近孩子的身体已不太可能。

现实中有不少家长不太喜欢和孩子拥抱、亲吻，接受不了这种肉麻的爱的表达方式。其实，与孩子身体的碰触是最有力量的表达爱的语言之一，它仿佛是在轻声地对孩子说："我爱你！"家长可知道，哪怕是简单的触碰也能带给孩子不一样的心理体验。

那么,亲子肌肤碰触有哪些好处呢?

1.家长与孩子肌肤的碰触让孩子有安全感。孩子小时候在行走中摔了一跤,最希望家长亲一亲、抱一抱。孩子上学了,无论是在学校,还是生活中经受失败的时候,最渴望的是家长的拥抱,因为拥抱会给孩子暗示,家长永远是孩子的支持者。这样,让孩子有一种归属感、依靠感,孩子就不再害怕和焦虑。

2.家长与孩子肌肤碰触能让孩子有自信心。家长温情的亲吻、温柔的拥抱、温暖的牵手能让孩子感受到自己是被爱着的,而感受到被爱的孩子会变得更有自信。当孩子在获得成绩时,家长若能给孩子一个亲吻,会让孩子备受鼓舞;当孩子情绪低落时,家长若能给孩子一个拥抱,抚慰孩子在挫折中受到的伤害,会让孩子自信面对挑战。

3.家长与孩子肌肤碰触能让亲子关系更加和谐。无论是小孩子还是大孩子,只要家长与孩子有肌肤碰触,就能促进亲子之间的关系更加和谐。爸爸的拥抱能让孩子感受到力量和安全,妈妈的亲吻能让孩子感受到关爱与宽容。因为小孩子需要家长亲亲、抱抱;大孩子需要与家长一起在劳动、运动、活动中通过肌肤碰触加深亲子情感。就是孩子成人了,也还需要一家人手挽着手漫步公园,或者一起超市购物。

可见,亲子肌肤碰触对于孩子来说有多么重要!

在"双减"政策之下,孩子与家长接触的时间多了,客观上给家长创造了亲子肌肤碰触的机会。

那么,家长有哪些与孩子碰触的形式呢?如何与孩子肌肤碰触呢?

1.亲吻孩子。亲吻孩子应该说是家长的本能。但有的家长在孩子1—2岁时会亲吻孩子,但随着孩子一天一天长大,亲吻孩子的次数就慢慢减少,孩子上学后有的家长就基本上不再亲吻孩子。这里,建议家长尽可能延长对孩子的亲吻期,最好保持到孩子上初中。

亲吻孩子不要为亲吻而亲吻,要选择好时机,比如早晚、孩子取得进步时。当然,孩子到达青春期之后,家长就要注意,要改变与孩子亲密碰触的方式。家长亲吻孩子的部位一般有脸、嘴、头、手,先要得到孩子的同意,这样不仅有利于亲子关系,还让孩子更理解身体权的意义。亲吻要从孩子小时候开始,要有连续性,让孩子习惯,形成家庭文化。

2.拥抱孩子。拥抱自己的孩子是家长的自然行为。拥抱孩子是一生的事,孩子小时候,家长主动拥抱孩子。当我们家长老了,又需要孩子主动拥抱。如果孩子从小没有得到拥抱,亲子间没有养成拥抱的习惯,年老后的我们也同样得不到孩子的拥抱。

家长每天下班回家,或者孩子放学回家,都要给孩子一个爱的拥抱。在平常的生活中,无论是孩子获得进步和成功,还是孩子有委屈和失败,家长都应该给予孩子拥抱。抱抱孩子的身体、拍拍孩子的肩膀或者抚摸孩子的头发,这些肢体动作都能让孩子直接感受到家长传达的情感和力量。

3.其他方式。所有的孩子,在整个孩童与青少年时期都需要身体的接触。除了亲吻、拥抱孩子,还有许多肌肤碰触的方式。

家长可以与小孩子玩耍,在玩耍中与孩子亲密地接触,身体相碰触。还可以牵着孩子的小手散步、逛商场等。外出时可以让孩子骑在家长的肩上,在家里可以"俯首甘为孺子牛",可以与孩子在地板或沙发上摔跤,可以让小孩坐家长脚上荡秋千等。大孩子可以通过运动来产生碰触的机会,比如,陪孩子一起游泳,一起玩球,一起登山等。还有,孩子生病、身体不适、感情受伤等时候也是肌肤碰触的重要时刻。

总之,亲子之间肌肤接触有很多好处,它是爱的语言,是强有力的支持,也是建构和谐亲子关系的重要方式。家长要创造碰触的机会,大胆地与孩子肌肤碰触。当然,随着孩子的成长,家长要学会用不同方式、方法与孩子肌肤碰触,特别是要注意爸爸与女儿,妈妈与儿子的肌肤碰触,不要让孩子产生对家长身体的强烈依恋感。

## 第七节　寻找和孩子交流的共同语言

和谐的亲子关系首先表现为有共同的语言。

经常听到有家长抱怨现在的孩子不知道想什么,与自己没有共同的语言,无法交流沟通。如果亲子之间没有共同的语言,肯定不利于构建和谐的亲子关系。

家长与孩子没有共同语言不是天生的,哪一个孩子小的时候不是在家长面前叽叽喳喳说个不停,但随着孩子慢慢长大,有些家庭的孩子就与家长没有了共同的语言,这除了因为孩子有了想法,自认为某些事情是秘密而不愿说之外,还有其他复杂的原因,其中与家长的情感、态度和教育理念、教育行为有相当大的关系。

1.孩子的自我保护意识增强。如果家长对于孩子说的话,不考虑孩子的年龄,总觉得孩子说得不漂亮;如果家长在教育过程中总是居高临下地说话,让孩子没有说话的机会;如果家长对孩子的想法、做法常常报以不尊重、轻视的态度,甚至指责、呵斥,试想,这样难道不会刺伤孩子的心吗?那么,慢慢地孩子就会产生一种自我保护的意识,就会少说、不说,既不向家长保证什么,承诺什么,也不把自己心里的真实想法告知家长。

2.孩子表达的内容家长听不懂。如果家长拒绝学习,对新的语汇、新的兴趣、新的焦点话题都很茫然,仍然延续着原生家庭遗留下来的每天絮絮叨叨,这种不同频、不互动的亲子关系,必将导致亲子之间没有话可交流。一个时代的孩子有一个时代的主题,如果家长不关心现在的孩子玩些什么、说些什么,就很难懂孩子的世界,就自然减少了交流的可能。特别是初高中孩子的信息量大,思想丰富,如果家长不学习就更难交流了。

3.家长和孩子只交流学习成绩。如果家长与孩子交流的内容长期以来只有一个,久了孩子就会烦闷,不感兴趣。特别是家长一味要求孩子好好学习,考出好成绩,而对孩子学习之外的生活与情感需要忽视、漠然,这样客观上就会导致亲子交流的内容变少,渐渐地也就造成亲子之间难以填补的鸿沟。还有,对于学习成绩不好的孩子来说,与家长交流学习成绩是件痛苦的事情,就是"哪壶不开提哪壶",自找没趣,慢慢地孩子就不愿与家长交流了。

4.网络语言的影响。现在网络发展得很迅速,如果不知道网络上的新颖词汇和流行语言,与同龄人交流时就会觉得缺少些什么,所以孩子跟风很快,特别是青春期的孩子都认为自己长大了,都有自己独立的想法。如果家长不了解网络语言,肯定是听不懂孩子表达的内容、情感的,当孩子与家长兴致勃勃地交流的时候,家长就可能会一脸茫然。久而久之,孩子宁可与网友、同学聊,宁可天天泡在手机里,也不愿与家长敞开心扉。

在"双减"政策之下,学校减轻了孩子的作业负担,校外学科辅导机构也关门停业,家庭教育的重要性更加凸显。如果家长与孩子没有共同语言,不要说高质量的家庭教育,就是基本的教育也难以进行。所以,寻找与孩子交流沟通的共同语言就尤其有意义。

那么,如何使亲子间拥有共同的语言呢?

1.家长要跟得上时代的步伐。家长要不断地去学习,要了解新时代的学校教育和家庭教育,以及家校责任边界。要掌握不同年龄段孩子的心理和生理特征,以及自家孩子的个性。要学习先进的家庭教育理念,掌握科学的家庭教育方式与方法,立足于孩子的未来,让孩子健康成长并拥有获得幸福的能力。这是亲子有共同语言的前提。

2.家长要营造良好的家庭氛围。在平常的生活中家长要与孩子平等相处,给孩子一定的自由,与孩子建立一种朋友般的关系。要主动与孩子交谈,尽量养成家庭成员相互聊天的良好习惯。要学会找话题,可以说说自己的工作情况、生活体验、读书心得、待人接物等。要让孩子畅所欲言,不要嫌弃孩子说一些琐碎、无聊的事情。

3.家长要了解孩子想什么、做什么。要尊重孩子的想法和情感,多倾听孩子想什么,分享孩子的喜悦,帮助其消解烦恼。家长要有意识地

留意孩子在意什么事物和事情。要多了解孩子身边的朋友,引导孩子说出身边发生的事情,不要孩子一到家除了问学习就是问作业。如果家长不了解和在乎孩子的关注点,以及近一段时间孩子做了什么,亲子交流就会缺少共同的话题。

4.家长要把孩子当作真正的朋友。只有朋友才有许多话要说。家长只有把孩子当真正的朋友,尊重孩子的想法和态度,孩子才愿意与家长商量、讨论,甚至争论问题。家里涉及孩子的事情,家长要学会征求孩子的意见,让孩子有自我判断和选择的机会,也让孩子懂得承担一定的责任,这样孩子就有真实的感受,有发言的机会和需要。

5.家长要掌握与孩子沟通的艺术。家长不仅要自己说,还要听孩子说,要耐心听孩子表达完,不要抢话。要有良好的情绪,不要不耐烦。对于孩子的错误和不足家长要学会含蓄地批评,或者使用批评加表扬的方式,要让孩子感觉到来自家长的宽容,切忌一味抱怨、指责。要尊重孩子的自尊心,该赞美的时候要真诚地赞美。

总之,家长和孩子同在一个屋檐之下,无论做什么都需要交流沟通。要做到顺畅地交流沟通,家长与孩子有共同语言非常重要。如果家长和孩子没有共同语言,不仅交流沟通会受限,还会影响亲子关系,进而影响家庭教育的顺利开展。

# 第五章 "双减"政策之下,如何检视教育行为

"双减"政策之下,家长有了检视家庭教育行为的需要。把先前那些不符合教育规律和孩子成长规律的教育行为,要么减去,要么矫正。只有规范的和紧跟时代的教育行为,才有利于家庭教育的开展,促进孩子个性化而全面地发展,健康快乐成长。

教育行为是家长在教育孩子的过程中表现出来的一种相对稳定的行为方式,具有示范性、适宜性等特点,它对孩子发展的影响最为直接,孩子的反应往往也最为快速。

我们家长要将"双减"政策的出台当作检视自己家庭教育行为的契机。要摒弃那些溺爱娇惯、过分干涉、严厉处罚、过度评价、过高期望等教育行为。我们家长只有利用好家庭教育的特殊地位,尊重孩子的成长规律和教育规律,把控好教育的情感态度,结合前面谈到的转变教育理念、经营家庭环境、增进亲子关系,我们的教育行为才可能有实效性,培养出优秀的孩子。

家长要明白,世上没有完美的孩子,需要家长按照科学的教育方法去引导;世上也没有完美的家长,教育孩子需要多学习、多反思,不断改进和完善教育观念和行为。孩子需要教育,可需要接受教育的不只是孩子,还有我们家长自己。

本章与家长谈谈,在"双减"政策出台后,我们应该关注和规范的教

育行为。首先,对孩子的期望要适度,不能高标低配。对孩子的评价要准确,要注意过程性和发展性评价,要符合孩子的个性特点。其次,要防止家庭教育出现无序竞争,让孩子拼搏的行为要有度,要重视在陪读中培养,要培养孩子的自律,特别不要忽视孩子的生活体验。

## 第一节 对孩子的期望值要适度

由于孩子与家长的特殊关系,每位家长对自己的孩子都会有期望。孩子为了让家长满意和高兴,往往会自觉地将自己的实际表现同家长的期望对接或者找差距,所以说,家长的期望对于孩子是有巨大影响力的。

家长对孩子的期望是家庭教育中重要的教育行为。家长对孩子的期望,是一种信任,一种鼓励,一种关爱,如同催化剂、加热剂,能唤醒孩子的内驱力,开发孩子的潜能,还对孩子个性化而全面的发展起着导向和强化的作用。

在家庭教育中,不同的家长往往有不同的期望。期望不同,孩子的行为便不一样。

有两位年轻妈妈分别带着自己的孩子在郊外的一个草地上玩耍。这时,几只蝴蝶飞过。当两个孩子看到美丽的蝴蝶时,一下子兴奋起来,跑着去追赶。

一位妈妈看见后,着急地喊:"孩子,不要追了,不要追了,要摔倒的!"她的孩子停了下来。

而另一位妈妈也喊着:"孩子,看好地上,注意安全,你一定能抓住的。"于是,她的孩子继续追赶美丽的蝴蝶。

显然,家长的期望会影响孩子是停下,还是追赶。如果家长的期望适度,犹如在孩子心中点燃了前进路上的一盏闪亮的明灯,无论是风吹雨打还是风和日丽,都将促使孩子不断前行,不断攀登。

"双减"政策出台对家庭教育提出了更高的要求,为了激发孩子做事的积极性,挖掘孩子身上的潜能,丰富孩子生活的体验,我们家长要用好期望艺术,使孩子逐渐靠近或实现我们家长的期望目标。

那么,家长如何用好期望艺术呢?

首先,要想孩子达成我们家长的期望,就要做到"七要"。

1.要目标明确。只有目标明确具体、操作性强,孩子才能准确地估计其实现的可能性,才能表现出积极性。家长要根据对孩子的了解和发现,提出符合孩子客观实际情况的,并对孩子未来发展有益的期望目标。

在"双减"政策之下,家长提出的期望,既要关注孩子的学业成绩、才干能力等,更要关注孩子的思想品德、意志品格、兴趣爱好、情感态度、习惯性格等。

2.要合理合情。合理就是要符合国家、社会、学校和个人的需要,符合时代的潮流。合理的期望对社会和个人的发展都具有积极的作用。如果仅仅从家长的角度看是合理的,但孩子是排斥的,那么这种期望是不能转化为孩子的需要的,更不能内化为孩子的动力,就没有达成的可能。

家长的期望还要合情,就是要符合孩子的主客观条件。也只有这样,孩子对家长的期望才会是配合的、互动的,家长的期望才会成为共同的需要和追求。

3.要适合、恰当。家长对孩子期望的不能有偏差,如果家长对孩子的期望与孩子的实际情况有较大的偏差,孩子就会有不合作的情感态度反应。有的孩子会以消极的态度和行为对待家长,甚至还会拒绝接受家长的期望;有的孩子会倍感压力而失去努力的勇气,或失去自信心。

所以,家长选择和确立期望目标时,要尽可能适度,照顾到孩子的个性特点,让孩子对家长提出的期望目标有兴趣、有达成的信心。

4.要注意内隐。家长的期望不应当是交易,而应当是温情脉脉地感化；不应当是口头上的说教，而应当是满怀期望，含而不露地潜入孩子的心灵；不应当是居高临下、大喊大叫的命令，而应当是在生活中无声无息地暗示和提起。

至于到底采用何种方式表达期望，要与自家孩子的性格、情感，以及亲子关系结合起来综合考量。任何只是为了满足家长一方的心愿，而并非孩子自觉接受的期望，都不是适度的期望。

5.要耐心等待。家长要知道，孩子领会和接受自己的期望需要一定的时间。教育是慢艺术，任何急躁情绪都将适得其反。所以，家长对孩子的期望要有信心、决心和耐心，即使一时看不出明显的效果，也不要灰心丧气、半途放弃。

况且，实现期望目标的过程是反复多变的，不仅需要家长适时给孩子以帮助，更需要家长不急不躁、充满耐心地等待。

6.要具有挑战性。高不可攀，可望而不可即的期望是不可取的。但是，如果期望没有挑战性，唾手可得，也不能激发孩子的积极性。只有具有挑战性，超出孩子的原有水平，且通过努力可能达到的期望，才有吸引力，才有激励性。这就像孩子摘桃子时要让他(她)跳一跳。

当然，挑战性的期望要符合孩子的个性特点，家长要注意观察孩子对期望的反应。如果期望过高，家长要适时调整。

7.要给予帮助。家长有了对孩子的期望后，不只是等和望，而是要热情地鼓励和科学地引导孩子脚踏实地去奋斗。如果家长只把提出期望作为一种教育技巧，当作一种迅速改变孩子的灵丹妙方，以为用上一剂就会立马见效，或者以为只要家长给了孩子几句鼓励，就幻想着收获预期的效果，这样的期望很可能成为家长的奢望。

聪明的家长除了给孩子以期望，关注孩子的发展过程，耐心等待孩子的成长，还会看准时机给予孩子支持、建议和帮助，教会孩子正确面对困难和挫折。

其次，我们家长对孩子提出期望时，要避免"三不要"。

1.不要干扰到孩子的自我期望。本身孩子是有自己的期望的。孩子的自我期望是根据自己的认知能力、兴趣爱好、生活经历等自我意向来确定的。家长对孩子的期望要通过孩子的认知活动产生效应,改变孩子的自我观念,影响孩子的自信心和自觉性。

如果家长的期望满足孩子的个性,并与孩子的自我期望一致,那么产生的是正效应;反之,则可能会产生负效应。家长要努力让自己的期望与孩子的期望统一起来。

2.不要过于功利化、世俗化。"双减"政策实行之前,整个社会呈现出教育功利化、短期化、世俗化,期望目标片面追求分数和升学,这样的期望目标过于唯一,比较僵化,起不到激励孩子德、智、体、美、劳全面发展的作用,这样教育出来的孩子不一定能适应未来社会。

在"双减"政策之下,我们家长要懂得成功的定义对每个孩子来说是不同的,健康的身体、健全的人格、和谐的人际关系本身就是一种成功。

3.不要有不切实际的过高期望。如果家长对孩子的期望值过高,脱离了孩子的实际,孩子经过努力满足不了家长的期望,不仅让孩子背上沉重的包袱,给孩子平添了极大的痛苦外,也给家长自身带来了无限的烦恼。会让家长由美好的期望开始,逐渐变得无望或失望,甚至是愤怒和绝望。

况且,孩子的承受能力毕竟有限,如果压力过大却找不到释放渠道,就可能引发孩子的心理问题。在家庭教育中,我们家长务必要重视这一点。

总之,家长的期望是一种巨大的教育力量,是一种呼唤,是一种契合,是一种激励,我们家长如果能将期望用好,给予孩子适度的期望,相信会收获家庭教育的希望。

## 第二节　正确地评价孩子的表现

如何正确地评价孩子,早已成为现代教育关注的焦点。著名教育学家夸美纽斯曾说:"父母的嘴,就是一个源泉,从那里可以发出知识的

溪流。"

确实,我们家长在评价孩子时要讲究科学合理。不能单单是一个等级,一个分数,而是要体现在家长对孩子尊重和关爱的基础上,帮助孩子认识自我,发现自己的潜能和特长,建立自信感。这样才有利于促进孩子的改变或者提升,达成家庭教育的目标。

我们家长要尽可能地做积极评价,注重过程性、发展性评价,正向引导孩子成长。即使是孩子违了规、犯了错,也要在指出错误的同时发现孩子的优点,并给予积极评价。

那么,在"双减"政策的背景之下,家长在日常的家庭生活、学习中如何实施评价,才能既保护孩子的自尊心和积极性,又能提高孩子的认知水平呢?

1.要多角度地评价孩子。现实中,许多家长的评价标准十分单一,常常以分数、听话作为评价标准,而不是全面地、多角度地评价孩子,这样就容易忽视孩子在过程中的变化和发展。

家长要树立正确的成才观,多元评价孩子,既要看孩子的学习成绩,又要看孩子的学习方法、习惯、意志,以及思想品德、与人相处、情感状态等,要注重孩子的全面发展。

2.要客观公正地评价孩子。客观公正地评价孩子是对家长的基本要求。如果见到了什么、听到了什么,不加分析、主观臆断,随意肯定或否定,就会造成评价的失准、失误,引起孩子不在乎,甚至反感,这就会丧失评价的权威性和严肃性。

家长评价孩子要掌控好一个度,既不能滥用赞美之词,廉价地表扬;也不能一棍子打死,轻易否定。对于孩子在学习、生活中的出格表现,家长只有弄清事情的来龙去脉才能把握住事情的是与非,给孩子以公正的评价。

3.要注意孩子对评价的可接受性。家长只做简单的评价是不够的,要充分考虑孩子对评价的可接受性。只有当家长的评价真正在孩子的内心引起共鸣,内化为孩子的行为准则,才能让孩子树立起坚定的信念,并愿意努力达成目标。

家长对孩子做出评价时要以诚恳的态度,让孩子从内心深处感到家长是在关心、爱护、帮助自己,尤其是孩子出现错误和缺点时,家长要真实坦诚,心平气和,让孩子从家长的评价中感受到温暖和亲切。

4.要用发展的眼光评价。在对孩子进行评价时,家长切忌以程式化的、僵化的眼光去看待和评价孩子,要意识到孩子正处于成长发展的过程中,有无数种可能。家长要坚信孩子是有发展潜力的,要寻找和发现孩子身上的闪光点。

在日常生活和学习中,我们家长要通过多观察,注意发现孩子的进步并及时地加以肯定,运用评价的导向性,让孩子明确自己的前进方向和要达成的目标,萌生勤奋努力的信念。

5.要经常用鼓励性评价方式。在孩子的学与做的过程中,往往会出现与家长期望的标准有一些差距或者较大差距的情况。即使孩子努力了,还是没有明显的进步。这时,家长就要增强孩子的自尊心和自信心,激发孩子的主动性和自觉性,鼓励孩子不断努力。

如果孩子在原有的基础上有进步,要及时地给予肯定性的评价,这种评价要适当高于孩子的实际水平。这样鼓励性的评价才会有效地改变孩子认知的局限性,激发孩子做事和学习的积极性,牵引孩子不断向前。

6.要用多元化的评价方式与方法。每个孩子都是独特的,也是出色的。家长在评价孩子的时候要对孩子持以积极、热切的期望,不仅要多角度观察孩子,发现孩子的潜能和优势,还要做出多元化的评价,引导孩子全面发展。

家长评价孩子的方法要做到定性与定量相结合;做好对结果进行评价的同时,更关注过程的形成性评价;还要注重培养孩子的自我评价能力,使孩子养成自我反思的习惯。

7.不可经常用否定性评价。家庭教育中经常会听到有家长对孩子说"你怎么这么笨呢?""你气死我了!""怎么这么不听话!""你又在撒谎

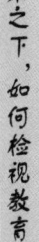

了！"等等，许多家长没有意识到这样否定性的评价会给孩子造成多大的伤害。

对孩子做出否定性评价会使孩子有挫败感，心情沮丧，减弱自信，产生自卑；很容易让孩子以为自己就是这样的孩子，不知不觉中在孩子的潜意识里便有了这样的认同感。长此以往，其负面影响会在孩子的学习、生活中显现。当前出现的部分心理问题，就是在家长、老师经常的否定性评价中不知不觉产生的。

总之，我们家长要意识到孩子是发展中的人，有着无限的发展前景。在"双减"政策的背景之下，我们的家庭教育要用好评价这一工具。只有科学合理、准确恰当的评价才能给孩子带来正向的驱动力，促进孩子全面的发展、健康的成长。

## 第三节 分清孩子的任性和个性

所谓"任性"，是指坚持自己的想法与行为，而所坚持的是不合理的思想和行为，是无理取闹。任性凭秉性行事，恣意放纵，以求满足自己的欲望或者达到自己某种不正当的目的。孩子的任性是一种不正常的心态，是孩子要挟大人满足自己某种需要的手段。任性是孩子，特别是独生孩子身上常见的坏习惯，在日常生活中主要表现为固执、不听从劝告，不接受他人的意见，一意孤行。

所谓"个性"，是指有自己的主见，在碰到问题时能坚持自己的正确观点和合理行为。个性表现往往指善良、勇敢、诚实、守信等。著名心理学专家郝滨先生认为："个性可界定为个体思想、情绪、价值观、信念、感知、行为与态度之总称，它确定了我们如何审视自己以及周围的环境。"个性是具有一定倾向性的、稳定的、本质的心理特征的总和，是一个人的性格中所凸显出的一部分。

在现实的家庭教育中，家长很容易混淆任性与个性。如果我们家长把任性误解为个性,把孩子的不守纪律、不讲道理认为是孩子有个性,加以肯定,甚至给予表扬、称赞,这样会使得孩子在任性与个性中陷入迷茫,由着性子来,分不清是与非。这对孩子的成长和将来的幸福都是不利的。

"双减"政策出台后,孩子与家长相处的时间增多,为我们家庭教育提供了更多自主选择和掌控的机会,家长一定要注意帮助孩子克服身上的任性,注重培养孩子个性的发展。

首先,我们家长要认识造成孩子任性的原因。一般说来,孩子任性受先天、后天因素的影响。

1.受先天因素的影响。有的孩子天生就属于较容易兴奋的类型,情绪表现较为强烈,属于那种所谓的"有个性"。好动是小孩子的天性,我们家长正确引导是关键。孩子的有些行为家长不必管理,比如,孩子喜欢边走边跑。但是,有些行为,家长要注意教育引导。

如果家长过度地宠爱孩子,对孩子的过分顽皮、无理要求不给予及时的教育,或教育的力度不够,或教育方法错位,生怕孩子受到委屈;如果家长以不正常的心态看孩子,把孩子的缺点也看成优点,孩子越是任性,就越是感到得意,那么,就会强化孩子的任性。

傍晚,一个四五岁男孩正与几位年龄相差不大的小朋友在小区追逐。

突然,这位小男孩给路旁的垃圾桶一脚,在旁摆龙门的几位妈妈朝声响的地方看过来,其中一位妈妈跑过来,问道:"脚踢痛没有?"小孩一边回答妈妈:"没有!"一边继续踢。

小男孩踢了几脚还不解气,便用双手用力推垃圾桶,垃圾桶摇晃了几下,"轰"的一声倒了。

这位妈妈高兴地拍着手,表扬道:"儿子力气真大呀!"

接着,她牵着孩子离开了。

小孩子好动,到小区和几个小朋友玩耍比较兴奋,这些都是先天的因素,但这位妈妈的教育是混淆了个性和任性,把任性误解为个性,是在纵容孩子任性。对于孩子的任性行为,家长应该及早发现、及时纠正,运用科学的教育方法,根据孩子发育成长的规律进行教育。

2. 受后天因素的影响。这里的后天因素主要是指家长的教育因素。一是家长本身比较任性,平时做事一意孤行,不听劝告,就会让孩子模仿,慢慢形成任性;二是教育理念和方法不正确而导致孩子任性。

如果家长的教育方法简单粗暴,会造成孩子的逆反心理。如果家长蔑视孩子的人格,总爱讽刺、挖苦、责骂,或者当着众人的面数落孩子,有的孩子会被激得有意与家长对着干。如果家长溺爱孩子,事事将就孩子,或者对孩子的不良习惯和错误行为视而不见、置若罔闻,就会让孩子没有规矩、肆意妄为。

一位妈妈对我讲,她儿子9岁多,读小学三年级,平常基本上是爷爷、奶奶照管。

爷爷、奶奶把孙子当作掌上明珠,百依百顺,宠爱有加,想要什么就给什么。久而久之,她儿子比较固执、自私、任性。要他向东,他偏向西。他想要什么,大人就得立刻给什么。一旦不满足他,就大哭大闹,甚至摔家里的东西。

现在,在学校里,她儿子也听不进老师和同学的批评意见,一遇到不顺心、不如意的事,就乱发脾气,又吵又闹,根本听不进劝说。老师和她为此很伤脑筋。

显然,这位妈妈谈到的情况是后天惯出来的任性。在正常发育的情况下,孩子两三岁就开始出现心理反抗现象,出现强烈的独立需求意识,处处以自我为核心,遇到不满意、不顺心的事情就大哭大闹,劝阻和强制都不起作用,直至家长妥协,直到自己满意为止。如果家长这时不加以纠正,任凭孩子使性子,那么孩子就形成了任性。正确的做法是家长应当及时地对孩子加以教育和引导,让孩子从小养成良好的性格与习惯,让孩子的任性得以抑制。

其次,我们家长要清楚,任性不是个性,要掌握帮助孩子克服任性的教育方法,同时,也要重视对孩子个性的培养。

1. 要满足孩子的合理要求。如果不管孩子提的要求合不合理,有没有实现的可能,都予以否认,这样孩子的要求长期得不到满足,就会产生不满心理,产生对抗情绪,容易形成不服管教的性格,或者不敢提出正当的要求,一味顺从大人,行为畏缩,胆小怕事,从而失去个性。

2. 要做到有原则地满足孩子。如果孩子的不合理要求得到无原则的满足,渐渐地,孩子必然为所欲为,自私自利,任性蛮横。因此,家长只有在尊重孩子的基础上,有原则、有条件地满足孩子,而不是一味迁就,孩子才会健康发展,才能使孩子既有鲜明的个性又不至于任意妄为。

3. 要有条件地满足孩子的需求。家长要注意在日常生活中培养孩子的自主性和独立意识,同时,对孩子提出的有些需求要给一些限制条件,如果超过了条件限制就不要随意满足孩子的需求,这样,孩子才会明白,不是所有的需求都能得到满足,必须遵守或者达到一定条件的要求,不能随心所欲。

4. 要让孩子扩大视野、增长见识。孩子有时任性是因为知识少,认死理,往往把错误的行为当成正确的行为。还有,有的孩子分不清坚强与固执、谦让与软弱、勇敢与蛮干。家长要创造条件让孩子体验丰富的生活、懂得更多的道理,孩子才会慢慢改变自己的一些任性行为。

5. 要创造条件让孩子多交流。如果孩子不与同龄人交往,就容易形成孤僻、执拗的性格,在外面和朋友、同学相处很困难,往往表现出以自我为中心,希望其他人也像家长一样满足自己,一旦不顺心,就要耍脾气。因此,家长既要教育引导孩子学会理解、宽容、尊重他人,又要创造条件让孩子多和同龄人交往,平等相处。

总之,任性的毛病对孩子的健康成长是极其有害的,家长务必要重视。任何一个孩子的任性都不是短时间内养成的,要想改变它并非一日之功,家长要有耐心,要持之以恒,反复教育,直至孩子改掉了这个坏毛病为止。特别是家长要分清楚任性和个性的不同,不能够把任性当作个性来培养。

## 第四节　防止家庭教育无序竞争

随着新时代教育环境的变化,学校教育和家庭教育在其发展过程中出现了非理性的相互攀比、无序竞争的现象。网络上称之为"内卷"。

家庭教育内卷的形成有内外原因,外部原因是教育政策、学校等级、升学压力等,内在原因就是家长的价值观、教育理念的选择出了问题,不能采取更科学、更务实、更开明、更宽容的态度对待孩子,而是逼着孩子走一条难以实现的道路。

虽然大多数家长对家庭教育的内卷化有比较清醒的认识,但在现实中又没有摆脱的有效办法。

由于在孩子就业方面要求越来越高,孩子的学历也越来越高,读完本科读研,读完研究生还可能读博士,在国内学完又去国外,这样,孩子要学习的东西越来越多,各种校外辅导班如雨后春笋,这就出现了越来越多的想让孩子走得更快的家长,他们生怕自己的孩子不刷题、不补课、不超前学习就会落后、掉队。于是,主动或被逼走上了让孩子重复学、超前学、超纲学这条看似宽大的"独木桥"。

还有,在大多数家长的思想里好学校才能出好成绩,才能考上好的大学,找到好的工作。为了能上好学校,家长可谓是使出浑身解数。让孩子自小就到校外辅导,不由自主地关注孩子的成绩排名,想方设法提高应试成绩,希望孩子在竞争中脱颖而出。这样,孩子的学习成了家长的需要,而孩子自己明显缺乏对学习的自我认知,只能被动地学习,而不知道自己能干什么,更不知道自己适合干什么,甚至有的孩子都不知道自己喜欢什么。许多孩子在一张张考卷面前,一份份排名当中,一次次辅导归来,渐渐地没有了学习知识的热情,迷失了接受教育的本质,忽略了生活、学习的意义,被动地陷入了内卷化学习。

无意义的内卷就像一张无形的网罩着家长和孩子,有的家长即使投入再多的金钱、时间和精力也未必能得到期望的回报。有的孩子即便很努力,考试分数也未必就理想。

当一部分孩子去参加辅导的时候，也许会提高他们的分数，提升他们升学的竞争力。但是，当大多数孩子都去参加辅导的时候，可能只是会提高升学的分数线，又回到了同平台竞争。因为当校外辅导成为大多数孩子的刚需时，就必然会加剧内卷，不断提高分数线、提升考试难度，这样就会让孩子们陷入低效或无效竞争之中。

尤其严重的是，同质化竞争的结果往往就是两败俱伤，这就影响了有的孩子健康成长，导致戴眼镜的孩子、出现心理问题的孩子越来越多，这就是我们经常会听到某某家的孩子出现心理问题的原因，孩子成了教育内卷的牺牲品。

内卷不仅给孩子带来了巨大的压力，许多家长也感受到了教育的压力，也很迷茫。因为一方面从家长自身的生活阅历来看，在疯狂内卷中长大的孩子，除了可能出现心理健康问题外，还可能出现性格缺陷，缺乏宽容理解、团结合作、珍惜亲情、对人感恩等方面的能力；另一方面我们家长又担心孩子在升学的竞争中被挤出赛道，在将来的职业选择中处于不利地位。

现在，"双减"政策出台了，国家希望改变目前的教育生态，这确实起到了减少内卷的作用。但是，各层级的升学仍然存在，教育的竞争依然激烈。要彻底消解内卷还得靠我们家长自己。我们家长应该好好地反思自己，到底是家长希望孩子成为什么样的人重要，还是孩子健康成长，自己选择成为什么样的人更重要！这里给家长提三点建议：

1. 把孩子当鲜活的生命。内卷是一场没有赢家的战争。靠内卷积累的优势无法形成核心竞争力。孩子不是工具，要把自家孩子当成鲜活的生命来对待。孩子的存在不是为家长争取脸面的，每个孩子有他自己的人生路径。

每个孩子都是独一无二的个体，就像没有两片同样的叶子一般。家长不能因为别人家的孩子怎么样就要求自己家的孩子也怎么样，要避免陷入攀比。不要以为只要孩子应考成功，进入名校，人生就赢了一大半。其实，看看我们自己，这样的选择只是苦旅的开始。如果家长对

孩子寄予厚望的话，就要花时间陪伴、花精力培养，提高自身的家庭教育水平。

社会生活中充斥着成功学，不停地引导孩子天道酬勤，但其实每个人要匹配自己的能力、天赋、出身、关系等多重因素，不要以为有了一腔热血，就能成功。孩子做个快乐的普通人也很好，对待孩子的学习成绩放平心态，尽力而为，这样既是放过孩子，也是放过我们自己。家庭幸福和睦、孩子健康成长就是我们家庭教育的成功。

2. 正确教育引导自家的孩子。家长要采取正确的态度对待自家的孩子，不要逼着孩子一定走一条未必幸福的道路。家长的初衷往往都是良好的、单纯的，无非是想让孩子在同龄人中能出类拔萃，以后找个更好的工作。少数人可能还会抱着让孩子实现阶层跃迁的想法。

家长既要学会鼓励孩子全面发展，又要激励孩子个性化发展。当孩子出现学习焦虑时，可以带着孩子做家务劳动、参加室内或户外运动等，分散孩子的焦虑情绪。也可带孩子多参加集体活动，当大家一起做事时更容易获得大家的认可，也会让孩子自己更有干劲，更有自信心，可以避免内卷。

家长和孩子都要学会看重过程，看轻结果。竞争在所难免，但只要孩子拼尽了全力，无论什么结果都是可以接受的。即便是没有获得理想的回报，努力的过程也会帮助孩子塑造健全的人格。家长要看重孩子的发展，赞赏孩子的努力，这样才会让孩子感到安心，并变得更加努力。

"三百六十行，行行出状元。"读书并不是唯一的出路，孩子的未来有N种可能。家长要了解自家孩子，去发现孩子擅长什么、喜欢什么，分析孩子的个性特点和比较优势。在此基础上，如果能帮助孩子从小成为自己，是特别有价值的事。家长一定不要横向攀比，不要自怨自艾，有多大劲使多大劲，对得起自己，也对得起孩子就行了。

3. 与孩子设计好生涯规划。很多时候，内卷的出现是由于家长和孩子都没有明确的目标，导致盲目跟风，别人做什么自己也跟着做。防止教育内卷的关键是家长有前瞻性，要与孩子商量设计好生涯规划。教育内卷让每个家长严阵以待，不敢掉以轻心，这是近忧。科技进步让孩子毕业可能就面临失业，这是远虑。

家庭教育的功能并不是帮助孩子提分，或者帮助老师改作业，而是发现孩子与众不同的禀赋、特长、兴趣、爱好，然后鼓励孩子自我发现、自我实现。要超越内卷，家长就要目光长远，要把教育的着眼点放到对孩子一生有益的事情上，把重点放到培养孩子的自律能力、品格修养和行为习惯上，着重培养孩子终生学习、终生成长的素质，有了这些，孩子的学习成绩反而不会差。

很多家长总认为孩子应该成功，应该优秀，总是以"有志者事竟成"来鼓励孩子。实际上，影响成功的因素有很多，不是仅凭努力就能够成功，帮助孩子做好生涯规划就很重要。家长要判断孩子的能力优势在哪里，要根据孩子表现出来的特质给孩子选择适合的职业生涯规划。围绕规划，帮助孩子找资源，让孩子接受更适合自己的教育，做自己喜欢的事情。

总之，无论是"双减"政策的指向还是家庭教育的实际需要，防止家庭教育的无序竞争势在必行。我们家长既要立足孩子的现实，又要着眼孩子一生的发展和幸福。不要被社会上不正常的教育现象所裹挟，而是要积极开展好家庭教育，担负起家长应有的养育责任。

## 第五节　让孩子拼搏的行为要有度

不知何时，我们家长嘴里有了"鸡娃"一说。

什么是鸡娃？"鸡娃"是网络流行词，指的是家长给孩子"打鸡血"，为了孩子能读好书、考出好成绩，不断给孩子安排学习和活动，不停地让孩子去拼搏的行为。

家长的教养方式可以简单分为专制型、权威型、放养型、溺爱型。

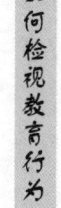

鸡娃现象往往就是典型的专制型或权威型的教养方式。应该说大多数鸡娃的家长是特别关注和在乎自家孩子的成长的，把许多时间、精力用在了孩子身上，希望通过超前培养、突出特长而挤进名校、考上好大学。于是，对孩子学什么、做什么，要么按照家长的意志做好安排，没有考虑孩子的意见；要么假装跟孩子商量，但实际上还是以家长为主导。

有位同事，刚结婚时，信誓旦旦表示自己的小孩绝不去参加这样的班，那样的班。

十年后，他完全改变了。一次他在办公室无奈地说："孩子老师讲，要想进名校，就要参加奥数学习。""为了让孩子挤进名校，只有让读四年级的孩子就开始学奥数。"

还说，在报班之前要去询问孩子的意见，结果孩子说自己不想去。于是，同事夫妻用各种理由去劝说孩子，孩子还是不想去。同事只好满足孩子提出的物质奖励要求，或者以要手机作为交换条件。这样，孩子勉强同意去上奥数培训班。

孩子上奥数班的同时，同事也坐在后面听，回家后还要花时间巩固所学的知识和完成布置的家庭作业。周末不仅孩子得不到休息，家长也很累。

其实，让孩子去拼搏的行为过去也有，但只有少数家长付诸行动。只要家长稍稍鸡娃，孩子就能脱颖而出。可是到了现在，绝大多数家长都在这么做，如果不努力拼搏，不仅进不了名校，还担心孩子的成绩就会落后。迫于形势，很多不想鸡娃的家长也被迫卷入其中。

鸡娃现象的出现并没有促进教育水平的提高，也不一定能提高孩子的学习成绩，更不能说会带给孩子幸福，反而加剧了家长的困惑和社会的焦虑。许多鸡娃的家长由于缺乏与孩子的有效沟通，并不能理解孩子的想法，单方面地加重孩子的学业负担反而会对亲子关系造成负面的影响，进而影响孩子的学业成绩，甚至造成孩子出现心理问题。

鸡娃现象违反了教育规律和孩子的成长规律。孩子的成长有一个循序渐进的过程，孩子的认知发展有自身的阶段特点，不能跨越。鸡娃无异于拔苗助长,对孩子的健康成长是有害的。正如法国学者卢梭所说:"大自然希望儿童在成人以前就要像儿童的样子。如果我们打乱了这个秩序,就会造就一些早熟的果实。它们既不丰满也不甜美,而且很快会腐烂。我们造就的只是一些老态龙钟的儿童。"

之所以要出台"双减"政策,部分原因就是不正常的教育生态,导致社会出现了鸡娃大军,造成许多家长一边鸡娃,一边抱怨教育的乱象。对于家长来说,"双减"政策就是重大利好,多少能遏制住当下学校作业负担过重和狂热的校外辅导风气,部分减少家长对教育现实的不满情绪。

教育的目的是让孩子成为一个完整的、幸福的人。"双减"政策的出台,给教育带来了方向性改变,有助于解决家庭教育的短视化、功利性问题,缓解家长的教育焦虑。

我们家长应该看到的是,"双减"政策有"减"有"加"。"减"的是孩子过重的学业负担,减轻家庭负担,而"加"的是孩子的体育运动,是劳动技能、阅读能力的提升,是孩子的全面发展,是促进家庭的幸福和谐。"加"的这些内容,还体现了国家对人才未来发展的目标和方向。配合"双减"政策的落地,国家已经打出了一系列的组合拳,比如,2021年10月23日出台的《中华人民共和国家庭教育促进法》。

那么,"双减"政策之下,我们家长该怎样对待鸡娃现象,让孩子拼搏的行为有度呢?

首先,我们家长对孩子的将来要有正确的认知。

家长之所以鸡娃,是为了让孩子将来幸福快乐地生活。许多家长有一个简单的逻辑,要幸福就要钱,要有钱就要有体面而高收入的工作,而这样的工作需要有好的文凭,而好的文凭就是要孩子读好书,考高分和升名校。这样,导致学习成绩好的孩子的家长担心别人追上,所以要鸡娃。成绩平平的孩子家长认为要想让自家孩子赶上去,只有鸡娃。

其实,我们家长静心想一想,孩子的成绩好不好与未来幸福有多大

的关联度呢？不能说成绩好就一定幸福，也不能说成绩不好就一定不幸福。一个人能做自己喜欢的事情才能够获得人生的幸福。孩子的学业成绩当然重要，但不是唯一的，真正影响幸福的还有孩子的品格、身心、情感、能力等。当我们家长的鸡娃行为影响到后者时，就可能让孩子真正失去幸福。

所以，在"双减"政策之下，我们家长重视孩子的学习成绩是必要的，但一定要有度。超前学、拼英语、补奥数，这些教育焦虑下的行为并不一定能为孩子的长远发展带来显著收益，而注重培养孩子思考问题的方法、看待世界的方式，以及孩子的视野、人品、格局等，才是真正让孩子受益终身的内容。真正的教育应该引导孩子找到自己感兴趣的事情做，走自己喜欢走的路，而不是把教育作为一块敲门砖，一个功利化、短视化的工具。

其次，我们家长要有正确的教育思想和教育行为。

家长要把更多的精力放在经营家庭环境和建构亲子关系上，让家庭温暖，让亲子关系和谐。因为在幸福和谐的家庭环境下长大的孩子就算成绩不那么理想，长大后的幸福指数一定不会差到哪里去。"双减"政策的出台并不是限制家庭教育的开展，而是通过"减负提质"促进家庭教育的发展，提升家长教育孩子的质量，观照孩子的全面发展。

面对现在日益复杂的社会环境，家长希望自己的孩子考高分、上好学校都是人之常情，但家长也要尊重孩子的自我选择和发展。教育孩子并不只是在物质和金钱上全力以赴，更重要的是和孩子多沟通交流，真正了解和理解孩子，鼓励孩子理性客观地寻求自己的目标。

要注重培养综合素质强的孩子，多和孩子一起运动，使孩子增强体质；多和孩子一起劳动，培养孩子的意志品质，掌握一定的生存技能；多和孩子一起参与社会实践活动，让孩子有更多的生活体验；多支持孩子学一项以上的艺术特长，培养孩子的美学素养；多陪伴孩子参观、行走，陶冶孩子的情操，拓宽孩子的视野；多带孩子观看表演或电影，欣赏舞台或画面的美轮美奂，理解故事的情节，体会角色的悲欢离合，培育孩子的真、善、美。还可以根据课本上学习到的故事或某个生活场景进行相应的角色扮演以及情境重现，感受换位思考。

在"双减"政策之下，家长以身作则、言传身教才是促进孩子更好地做人、更好地学习的关键。特别是对于一部分自身资历有限的家庭，更应该理性思考鸡娃的方向与意义。

总之，让孩子拼搏的行为要有度。适度地鸡娃有助于发掘孩子的潜力，让孩子在突破自我的过程中体会到奋斗的快乐，感受到进步所带来的成就感，从而成为一个内心坚定、自信阳光的人。如果家长过度鸡娃，过度在乎孩子的成绩、升学，就会将教育的内容窄化，难以培养出全面发展的人才，也不会给孩子带来真正的幸福。

## 第六节　在陪读中培养孩子

陪读，顾名思义就是陪孩子读书。而培养，是指按照一定的目的长期地教育和训练孩子，使其健康成长。

如果在陪读中我们家长只关心孩子的生活，或者只督促孩子的学习，那么，这样的陪读是低层级的，停留在数量或者简单的形式上。

如果在陪读中家长在关心孩子生活和督促孩子学习的基础上，还关照孩子的身心健康，还根据孩子的已知条件制订短期、中期、长期的学习目标，并驱动和帮助孩子去达成目标，还有目的、有意识地培养孩子学会生存、学会生活、学会学习、学会做人等，让孩子"具备适应终身发展和社会发展需要的必备品格和关键能力"，以及家国情怀，那么，这样的陪读是高层级的，是有质量或者丰富内容的，是在陪读中培养。

显然，培养是陪读的精华之所在，是陪读的华丽转身，故此，我们家长在陪读时要有培养的意识，要把培养落实到具体的陪读细节之中。

有一位妈妈，离开了原单位、原住址，专门来学校周围租房陪读。

她孩子初一时，数学好，英语好，但语文一般，也不喜欢阅读。所以，很难进入班级前五名。

后来，在学校老师的指点下，这位妈妈重视亲子关系、亲子陪伴、亲子共读、榜样示范。

只要孩子有空闲，她要么陪伴孩子去打羽毛球，要么自己拿着名著看。

孩子看着自己妈妈看书，自己也受到了感染，尝试着看起来。

这位妈妈还经常与孩子讨论书中的情节、人物等，有时说出部分内容由孩子补充完整，有时故意说错内容由孩子纠错……她的孩子喜欢上了阅读。

这样，过了一年，孩子的写作和阅读能力提高了，语文成绩也有了进步。

这位妈妈不仅陪读，还注意培养。在"双减"政策之下，我们家长就是要在陪读时注重培养，提高孩子的综合能力。

那么，家长如何在陪读中做好培养呢？

1.家长在陪读中要做好以身示范。家长是孩子的第一任老师，家长的言行将成为孩子重要的效仿源。家长的行为是无声的教育，在很大程度上影响着孩子的成长道路和发展轨迹，影响着孩子的人生观、世界观、价值观的形成。家长要用勤劳、坚韧、担当、宽容、自信、诚信等好品格引领孩子；用自己的人格魅力、幽默风趣的语言、广泛的兴趣爱好、积极乐观的态度等吸引孩子。

在"双减"政策之下，孩子在家时间多了，家长最好自己也要看书学习，做孩子认为有意义的事情。家长要理性地使用手机，千万不要做"手机控"，当"低头一族"，更不可以在家里打麻将、聚众喝酒等。家长自己有错时，要勇于在孩子面前认错改正，给孩子做好榜样。孩子做错事后，家长不要一味说教，要通过生活实例让孩子自我发现、自我认识。这样，才能在陪读中培养起孩子良好的思想品质和学习、生活习惯等。

2.家长在陪读中要给予亲情温暖。亲情具有神奇的力量，能浸润孩子的内心世界。家，本来就是一个充满亲情的地方。家长要通过陪读的过程强化亲情温暖。家长要努力营造和睦、温情的氛围,让孩子感受生活的美好和浓浓的亲情;要帮助协调和解决孩子学习、生活中的各种困难和矛盾,让孩子知道家长对他(她)的关爱和在乎;要学会倾听孩子的心声,了解孩子成长中的烦恼,具有同理心,慢慢地等待孩子的成长;要平静地对待孩子的成功,赏识孩子的每一点进步;要有分寸地宽容、包容孩子的缺点和错误。

过去,家长陪读的方式大多是上辅导班,是写作业。现在,在"双减"政策之下,孩子可以自由支配的时间多了,家长陪读的方式也应该与过去不一样。家长可以陪孩子运动,陪孩子劳动,陪孩子看电影,陪孩子做游戏,陪孩子逛书店,陪孩子参观博物馆,陪孩子走进大自然,欣赏天高云淡,流水潺潺,感受碧波荡漾,层林尽染……这样,才能培养起孩子的感恩情怀,构建起良好的亲子关系。

3.家长在陪读中要有科学教育理念。家长的教育理念决定了陪读的情感态度、教育行为。家长的个人愿望一定要符合孩子的成长规律,要尊重教育规律和社会发展规律。家长要尊重孩子表现出的独特"风景",帮助孩子形成独立的人格,优化其独特的个性;要给予孩子相对的自由,让孩子在没有过强压迫感的状态下生活与学习,释放生命的潜能;要引领孩子独立自主、自强不息,经得起各种情境和环境的考验,让孩子有吃苦耐劳的勇气和面对挫折的心理素质。

"双减"政策出台后,家长陪读孩子的时间是多了,但不是家长代替孩子的机会多了,而是要在陪读中教会孩子学会选择,这是孩子自立的第一步。在关注孩子学习的同时还要注重培养孩子良好的习惯,培育孩子的爱好和兴趣,丰富孩子的生活。要设计一些孩子感兴趣的游戏、娱乐活动,不要害怕孩子出错,要让孩子在不断犯错中成长。这样,才能帮助孩子生成符合自身条件的追求目标,激发孩子做事的自信心和自觉性。

4.家长在陪读中要做到教育有度。家长的教育行为直接影响陪读的效度或者说孩子发展的成色。家长对孩子的期望要适度,既不要超标或低标,也不可以目光短浅、急功近利,过度地在乎眼前的成绩或利益,同时,要学会把期望暗示给孩子,而不是简单地下达任务和指标。对孩子的评价要有准度,既不能过高地褒扬孩子,让孩子产生好高骛远的想法,也不能过低地贬斥孩子,导致孩子自尊受损,出现自卑、冷漠等反应。

在陪读过程中家长对孩子的过错要学会理解、宽容,不要把孩子发展过程中的问题看得过重,也不要以成人的思维去看待孩子的言行。确实要惩戒孩子时,要给孩子讲明道理,要做到有尺度,不可以挖苦嘲讽、冷言冷语。要尊重孩子的交往兴趣,积极关注孩子交往的情况,必要时要指导孩子人际交往的技巧。当孩子进入青春期后,异性交往成为必然,要尊重孩子的异性交往,要超前引导,有效疏导。这样,才能让孩子热爱学习,也热爱生活,正确认识和评价自己。

总之,在"双减"政策的背景之下,家长和孩子的时间多了,需要亲子陪读,虽然大多数家长也懂得陪读的重要性,但如何陪读是一门艺术,我们家长只有在陪读中注重培养,才会防止无效陪读。

## 第七节 要培养孩子的自律能力

所谓自律,是指在没有监督的情况下,通过自身的要求,变被动为主动,自觉地遵循法度,约束自己的一言一行。

孩子的自律能力其实就是孩子自我把控的能力。谈到孩子的自律性,很多家长都会感到格外的头疼。

"我们家小强,总是先耍,后写作业。"

"我们家小刚做作业总是要大人守着,不然,电脑一玩一整天。"

"唉!起床、睡觉、吃饭、上学都得催,总不自觉。"

"我家孩子,放学回家就喜欢看动画片。先看动画后做作业,一看就不放手,看之前说好的30分钟,硬生生地被拖到了一个小时、一个半小时,不让看就翘嘴,还哭。"

我经常听到同事或朋友抱怨自家的孩子。其实,这些都是孩子缺乏自律的表现。

在"双减"政策之下,孩子的自由时间多了,这就更需要孩子有较强的自觉性和自律性。

每一个迷失在舒适区的孩子都需要家长的点醒和帮助。世界上没有轻而易举的收获,只有日复一日的努力和自律。作为家长,除了要陪伴、督促,更要有意识地培养自家孩子的自律性,让孩子学会时间管理,养成良好的习惯,具有吃苦耐劳的精神。

如果家长对孩子放任不管,还指望孩子自律,这是不可能的事情。我们家长一定要明白一个道理:培养孩子的自律性,不是有意让孩子痛苦,而是通过磨炼帮助孩子自我管理。孩子唯有在家长的带领、关注、放手之下,把一时的热情变成坚忍不拔的必胜信念、一往无前的坚定决心;把摇摆不定、忽明忽暗的"我愿意"变成坚持不懈、清晰可见的"我会完成",逐渐用自律代替懒散,不忘初心,实现自己的理想。虽然前进路上难免会感到疲惫、挫折,只要心中还有最真挚的热忱,学会自律,就一定能达成目标。

那么,在"双减"政策之下,我们家长如何培养自家孩子的自律能力呢?

1. 要给孩子一个好的榜样。由于家长与孩子之间特殊的关系,孩子往往以家长作为模仿对象。身教重于言教,家长应以身示范。家长的一言一行对孩子的自律品质的养成很重要。与其喊破嗓子,不如做出样子。

2. 要多鼓励、尊重孩子。家长要试着放手,不要过多地干涉孩子。对孩子的每一次进步家长都要给予鼓励和肯定。要尊重孩子的意见,即便孩子犯了错误,也不要随便去训斥,要知道孩子也有尊严,要让孩子对自己充满信心。

3. 要给孩子立一些规则。往往给孩子立一些规则比说教要管用。

家长要跟孩子协商制定好规则,并引导和督促孩子去遵守规则,将规则融入日常学习生活中。家长要做到事前约法三章,事后绝不妥协。

4.要培养孩子的时间观念。家长要帮助孩子理解和珍惜时间的意义。要结合孩子自身的实际情况,制订一个如何具体管理时间的计划表,让孩子具有合理支配时间的意识,养成珍惜时间的好习惯,并且在实践活动中能够有效地利用和把控时间。

5.要让孩子学会拒绝。既然要让孩子自律,就要让孩子有独立性。有些时候,孩子跟家长说"不",作为家长应该感到高兴,不要埋怨指责,因为孩子知道拒绝,敢于表达出自己的想法,是自律的表现。孩子有了想法就让他(她)去做,只有给孩子独立、自由的空间足够大,孩子的发展才会够大。

6.营造良好的家庭环境。在良好的家庭环境中成长的孩子有幸福感,有和谐的亲子关系和顺畅的沟通。孩子更愿意接受家长的建议和教育,并努力按照家长的意愿和期望去做。那么,如果我们家长希望培养孩子的自律性,孩子就会有意识、有目的、有计划去做。

家庭教育是一门艺术,家长在培养孩子自律时,要注意以下方面:

1.家长要用心观察孩子的行为,如果发现孩子的行为有些偏执,要用心引导规劝。不要强势命令纠偏,而是要做好与孩子的沟通,提出合理的意见。

2.家长不要在孩子情绪低落或者很激动时给予批评,也最好不要直接批评孩子,更加不要在有很多人在场的时候批评孩子,要避免孩子与我们家长产生对立。

3.家长不要长篇大论给孩子讲道理,而要结合孩子的年龄,简单地直接表达,给出适合孩子认知、接受、执行的建议,让孩子自我觉悟和内化。

4.家长鼓励、肯定孩子具体的努力行为时不要模糊、笼统,要把具体的内容或者过程讲出来。也不要只是称赞,而要引导孩子明白其中的道理。

5.家长无论多忙,一定要抽时间陪伴孩子,与孩子相处玩耍、交流沟通,这样,孩子才会有安全感和自信心,做起事情来才会安心、自律。

6.家长要认识到自律是长期训练的结果,有一个逐渐规范养成的过程。不要觉得自律很难做到,是一种煎熬,就放弃,而要引导孩子学会坚持,形成习惯。

7.家长在孩子闹情绪的时候要做到视若无睹和无动于衷,对孩子不合理的要求要给予坚决拒绝,只有这样,才能让孩子自我调整、约束。

8.家长不能一味让孩子听自己的,要给予孩子足够的自由空间,尊重孩子的想法,有的时候要留一定的时间和空间让孩子选择,这样孩子才愿意坚持。

总之,在"双减"政策之下,孩子有了更多灵活、宽裕的时间,要支配好时间,孩子更需要自律。自律的过程很难熬,但自律的人生很美好。家长要培养一个自律的孩子,就要向孩子清楚地表达要求,要不断地训练孩子的自我约束能力,耐心地守候孩子慢慢成长。

## 第八节 让孩子有丰富的体验

孩子拥有丰富的体验就会拥有丰富的心灵和人生。体验是孩子未来独立生存、生活的基础,让孩子多一分对体验的拥有,就多一分对人生的把握。

如果一个人一辈子很少碰到心酸和痛苦,那么这个人是庆幸的。但是,我们家长要明白,实际上孩子的一生不可能一直是幸运的,不可能只有赞赏和成功,挫折和失败总会悄然而至,各种诱惑总会遇到,因此,在失败、诱惑还没到来之前,家长根据孩子的年龄,有意识地让孩子拥有一定的生活经历和体验,让孩子建立起一种面对逆境、挫折、诱惑的勇气和智慧,这样就能让孩子遇事冷静沉着,面对逆境能坦然应对,面对诱惑能理性拒绝。即便是面对掌声和成功,也会不骄不躁。

反之，如果孩子缺少酸甜苦辣的体验，那么便会觉得空虚，会寻找刺激，经受不了各种诱惑。如果孩子没有丰富的生活经历和体验，记住的也仅仅是书本上的知识。如果孩子没有经历的留痕和体验的提醒，孩子即便身体长大了、生理成熟了，终归是心理不成熟的孩子。

有一位妈妈说他的孩子特别顽皮，在路上遇到水坑总是要踩几脚。

面对这样的行为，这位妈妈进行了教育，可孩子还是依然如故。

于是，只要遇上水坑，这位妈妈就拉住孩子的手，说："不准踩水。"可是，孩子挣脱后还是去踩。

这位妈妈担心孩子是不是有什么心理问题，通过看书学习才知道这是小孩子的天性。在安全的前提下，家长可以满足孩子的好奇心。

其实，这是给孩子生活体验的机会，孩子通过踩水感受水花四溅的刺激，鞋子、裤子弄脏了可以洗。一个人拥有丰富的体验是人生快乐的重要源泉。孩子尝试新鲜事物的过程，就是孩子成长的过程。

在"双减"政策之下，孩子在家的时间多了，家庭生活情境中有源源不断、生动有趣、自然随机的教育契机。我们家长要营造和谐温馨的家庭气氛，让孩子感受家庭温暖，使孩子在关爱、尊重、信任、自由的环境下成长。

家长对孩子的帮助要适度，不要包办，要多给孩子提供做事的机会，不仅要让孩子读书学习，更要放手让孩子在实践中去观察、去体验、去发现。孩子做事时，家长只能观察，一般说来不要干预。如果孩子遇到困难，也不可代孩子做，就是要让孩子在困难中经受体验。无论是玩耍、游戏还是挨饿、受冷，包括经历小风险，对孩子都不是一件坏事。

在"双减"政策之下，家长更应重视孩子的综合素质的提高。要在意孩子拥有更多的生命、生存、生活的体验。既要关注孩子的学业，也要培养孩子的兴趣爱好，更要强化孩子的道德、情感、意志。如果孩子说出某些活动中的体验感受时，家长要及时地表扬鼓励，并积极引导。如果发现孩子的体验有偏差时，家长也不要心急，因为孩子只有在不断的试错与校正中才能走向成熟。

家长要创造条件让孩子获得丰富的知识和体验。要让孩子多看、多听、多摸、多走、多想，多接触世界，扩大视野，使孩子在大自然和社会生活这本"百科全书"中汲取丰富的感性知识，储备丰富的情景和表象记忆。

1.在学习中体验。"双减"正是要将孩子从单一狭隘的书本学习中解放出来，从枯燥乏味的识记练习中摆脱出来，凸显孩子的实践行动。对于孩子的学习，家长要注意引导孩子间接经验和直接经验相结合，使孩子真正成为学习的主人。

家长要充分认识孩子学习的规律，摒弃对知识技能的过度强化。要捕捉孩子的好奇心与兴趣点，创设问题和挑战，鼓励孩子动手动脑探究实践，提高孩子综合运用所学知识解决复杂问题的能力，有效体验学习的趣味性、有用性。

2.在劳动中体验。劳动教育对孩子的成长很重要。参与劳动可以丰富孩子的体验，增长孩子的生存、生活能力。我们家长要根据自家孩子的年龄、能力、兴趣和性格，引领孩子热爱劳动、学会劳动。

家长要明白，劳动可以让孩子在责任中体验真实的自我。当孩子把身边的某件事当成自己的事去完成的时候，孩子的积极性、主动性就会被充分调动起来。劳动能让孩子磨炼自己的意志，增长才干，并把已经学过的知识运用到劳动中，在劳动中体验创新的冲动和成功的兴奋。

3.在运动中体验。运动心理学研究证明，各项体育活动都需要较高的自我控制能力、坚定的信心、勇敢果断和坚韧刚毅的意志等心理品质为基础。因此，有针对性地进行体育锻炼，对培养孩子的健全性格有特殊的功效。

家长要充分发挥运动的教育功能，不能靠说服，必须在实践中体验和历练。家长要根据孩子的年龄特点和体质差异，带着孩子参加亲子运动，参加跑步、羽毛球、乒乓球、篮球等运动，除能让孩子掌握体育运动的规则和技能，增强孩子的体质之外，还能让孩子在运动中增强自控力、自信心，让孩子遇事不会过度紧张或惊慌失措，让孩子感受合作团

结的力量以及亲情友情、人际交往,让孩子体会运动可能出现的挫折感。

4. 在活动中体验。让孩子在活动的过程中不断进行磨炼与自我反省,孩子就会有勇气、形成智慧。活动还可以让孩子获得新的知识。在活动中解决实际问题,孩子会把书本上学到的知识用于实践,这样孩子获得的知识就是活的。

如果家长带着孩子参加各种仪式活动,对孩子知识的获得、能力的培养、品德的陶冶能起到至关重要的作用。如果家长带着孩子去参加社区公益活动,会让孩子开阔眼界、增长见识,学会与人相处。如果家长带着孩子去福利院,会让孩子热爱家庭,感受到自己的幸运和幸福。

5. 在行走中体验。"行走"是孩子重要的实践机会,家长要带孩子多行走,通过行走开阔孩子的眼界,获得实用的知识,让孩子自觉不自觉地把书中的某种情景和感受与实际加以比较。行走就是让孩子见世面,去体验探索未知世界的惊奇,见过世面的孩子更加宠辱不惊。

每个孩子都需要在见世面中获得滋养的力量。走出去,让孩子亲近自然、观察生活。丰富的世界、多彩的生活本身就是最生动的教材。经观察发现,经常换环境的孩子适应能力和应变能力更强。行走中带孩子参观博物馆、纪念馆、名人故居等场所,让孩子感受真实形象、情景,获得前进的力量和克服困难的勇气,增添热情、激情和活力,提高欣赏美、鉴别美和创造美的能力。孩子只有看过了大千世界,才能做到心有乾坤。

6. 在人际交往中体验。人际交往对孩子来说十分的重要,良好的人际交往能让孩子获得幸福感、安全感,获得交往的知识和技能,这会影响孩子未来的生活。家长要多让孩子与同伴交往,让孩子从自我中心中解脱出来,走出成人的包围圈。

在与同伴的交往中孩子会不断积累与人交往的经验,体验依靠自己的力量去解决问题的过程,同时,还能让孩子体验自己对团队的义务和责任,体验对新环境的适应,体验他人的情绪、意图、动机,体验分析判断与他人交流各种信息的过程。

总之,"双减"政策给家庭教育带来了机会,给家庭教育注入了新鲜的血液和能量。为了孩子能够更好地学习、更有能力适应社会,我们家长务必给孩子一个舞台,让孩子体验自信;给孩子一点经历,让孩子体验情感;给孩子一点麻烦,让孩子体验挫折;给孩子一些任务,让孩子体验负责;给孩子一个集体,让孩子体验团队感和归属感。这些体验就会汇成孩子成长的力量,让孩子扬帆启航。

第五章 "双减"政策之下,如何检视教育行为

# 第六章 "双减"政策之下,如何丰富家庭作业

在"双减"政策之下,家长是不是就可以躺平,高枕无忧了呢?是不是就万事大吉,当甩手掌柜了呢?显然不是。孩子的书面家庭作业虽然减轻了,但提高孩子的综合素质没有减,家庭教育需要做好"减"中有"增"——丰富孩子的家庭作业。

所谓"作业",《辞海》解释:"为完成生产、学习等方面的既定任务而进行的活动。"那么,"家庭作业"就是在家庭里完成学习方面的既定任务而进行的活动。这里的学习任务既包含了学校老师布置的各种任务,也指我们家长给孩子布置的各种任务;既指完成文化知识任务,也包含孩子健康成长所需要的非文化知识类任务。我们家长这样理解"家庭作业",更有利于对孩子的培养。

"双减"政策的出台是一件利国利民的好事。因为该政策要求减轻我们孩子的过重学业负担和减去重复、无效的作业负担后,孩子有了更多的自由时间,这样孩子的家庭作业不只局限于老师布置的书面和背诵类的家庭作业,而是延伸到有利于培养孩子身心健康、思想品德、人文素养、审美情趣等综合素质的层面上。我们家长减轻了经济负担、减少了内卷,鸡娃有度,有了更多的时间和精力引导孩子完成丰富的家庭作业。

本章与家长谈谈,在"双减"政策之下,我们家长如何丰富孩子的家

庭作业。家长不仅要清楚怎么"双减",还要明白怎么"双增"。要指导孩子合理用好时间,培养孩子学会管理作业时间。还要把学会做人、家务劳动、体育运动、审美教育、人际交往、挫折教育、学会管理零花钱也当成家庭作业。

## 第一节 "双减"政策之下,还有"双增"

"双减"政策是为了减轻孩子校内校外的作业负担,并不是减孩子的知识、素质、能力,恰好相反,是为了让孩子健康成长和全面发展,提高孩子的综合能力和素养。

在"双减"政策之下,家庭教育的价值并没有减弱,家长的责任并没有减少,反而陪伴孩子的时间增多了,培养孩子学会思考增加了,家庭教育的作用增强了,但是许多家长并不知道怎样具体去做。有的家长毫无头绪,有了困惑;有的家长忙于工作,很难照顾到孩子,有了焦虑;有的家长能力有限,无法管理好孩子,有了担心。还有少数家长误解"双减"政策,让孩子开始放飞自我,也开始放松自己教育的责任。

观察发现,没有辅导班可以送,部分孩子没有自制力,空出来的时间用来玩手机、看电视剧的孩子不在少数。这肯定不是"双减"政策出台的目的。

于是,教育部出了新的消息,"双减"政策之后又迎来了"双增"。

"双减"政策,现在大部分家长都已经比较明白了,然而"双增"又让很多家长产生了疑问。其实,"双增"和"双减"有异曲同工之妙。一个旨在减轻孩子的作业负担,一个积极增加孩子的全面发展项目。"双增"虽然是增,可增的内容是孩子感兴趣的,是孩子最喜闻乐见的,具有实践性,关照了孩子的身心,拓宽了孩子的视野,丰富了孩子的作业,是从孩子的德智体美劳全面发展的角度出发的。

那么,"双减"政策之下,如何开展"双增"呢?

首先,家长要明白"双增"是什么,以及"双增"对孩子有什么影响。

"双增",一是增加参加户外活动、体育锻炼、艺术活动、劳动的时间和机会;二是增加接受体育和美育课外培训的时间和机会。

显然,"双增"就是要利用好"双减"政策出台后孩子的多余时间,去运动、劳动、活动,去参加音、体、美的学习,培养孩子的各种兴趣爱好,让孩子的作业不再是单一的,评价孩子的标准也不再是唯一的。

如果说"双减"政策是减轻孩子的学习压力,那么"双增"是促进德智体美劳全面发展。一减一增并不是简单抵消,而是为了让孩子能成长得更加全面。这两"双"同时实施,有利于减少近年来戴眼镜和有心理问题的孩子越来越多的情况,着眼于孩子的未来、国家的未来,让孩子能够健康成长,成为国家所需的各种人才。

其次,家长应把"双增"的内容转化为孩子丰富的家庭作业。

1.家长可以利用休息时间陪孩子学习音体美。家长带着孩子打打球、跑跑步、做手工、画个画、听音乐、跳个舞等,孩子的作业由过去的单一的书面作业变成了丰富的、趣味性很强的音、体、美。这样的作业孩子完成起来轻松愉悦,既有利于培养孩子的兴趣爱好,有利于孩子的个性得到发展、张扬,还有助于孩子德智体美劳全面发展,健康成长。

2.家长要改变学特长会耽误学习的想法。现代社会的发展,并不是只有学业成绩才是唯一的出路,也不是只有学好文化课才能上好高中、好大学。很多时候,孩子的压力不是来源于其他,而是我们家长总是想要孩子去提升学业成绩,家长的期望越大,孩子的压力就越大。所以,家长不要只盯着孩子的学习成绩看,拥有强健的身体和乐观积极的心态才最重要。家长要利用家庭教育这个阵地,让家庭的教育目标与国家的教育政策保持一致。

3.家长要理性看待"双增"。教育的发展肯定是离不开变革的,变革的最终目的是为了促进孩子更好的发展。"双增"就是为了更好地促进孩子个性化而全面的发展,家长可千万不要忘了这个最终的目的,别迷失了方向。有的家长所看到的事情是表面的或者比较片面,所以,家长

要认真学习两"双"文件,正确地去分析政策,积极地支持和配合教育政策的实施。

总之,家长要在两"双"政策的指导下,落实好孩子的日常生活、假期生活、户外活动、家务劳动,丰富孩子的家庭作业,促进孩子的身心健康发展。无论是"双减"还是"双增",落实的关键还是要看我们家长的认识和行动。

## 第二节 培养孩子学会管理作业时间

人生是公平的,每个人一天都拥有24小时,但并不是所有人都能成功的。同样的道理放在孩子的学习上也是一样的。一样的作业,有的孩子3小时才能完成,而有的只需要1小时就轻轻松松地完成,究其本质就是时间管理在发挥作用。所以,家长要教会孩子形成管理作业时间的意识。

一位父亲为了让儿子明白如何管理作业时间,找来了一个瓶子、一些细小的鹅卵石、一袋沙子和一盆清水做实验。

他先把细小的鹅卵石一颗一颗放进瓶中,摇了摇,再加几颗,问儿子:"现在是不是满的?"

儿子用肯定的语气说:"是满的。"

"很好!"他说完后又将一袋沙子慢慢地倒进瓶中。倒完后,又问儿子:"现在你再告诉我,这个瓶子是满的呢,还是没满?"

"好像是满的。"儿子迟疑地回答。

"好极了!"他称赞完后,又将清水倒在看起来已经被鹅卵石、沙子填满了的瓶子中。

当做完上面的事情之后,他再问儿子:"从上面的实验中,你得到了什么启示呢?"

儿子摇摇头。

他提示儿子说:"如果我们不先将鹅卵石放进瓶子中去,而是先放沙子会怎么样?"

儿子想了想说:"就装不下这么多的鹅卵石和水。"

他认真地告诉儿子说:"做事情要安排好先后顺序,分清轻重缓急,这样在有限的时间内才能做更多的事情。"

儿子听了点点头,似乎明白了这个道理。

家长引导孩子管理作业时间,是孩子养成良好学习习惯最重要的内容,有助于孩子提高学习效率。

"双减"政策出台后,部分家长表示出了新的担忧。一是习惯了刷题、上校外辅导班的孩子和家长一下子不适应了;二是孩子的作业量减少,空闲时间增多,这样会不会让孩子养成作业拖拉的坏习惯;三是孩子周末的时间多了,不知如何安排和利用好这些时间。

其实,"双减"政策推动了学校教育和家庭教育回归教育的本真,老师和家长回归各自的角色。这既要求老师在学生的作业布置上要多思量,要结合学生的情况布置个性化、多层次的作业,也要求我们家长要正确对待教育的新变化,认真开展好家庭教育,不能让孩子埋头扎进老师和家长布置的作业堆里,不讲究做作业的效率。

家长要教会孩子养成作业的良好习惯,安排好完成各科作业的次序,管理好作业的时间,特别是要合理安排文化学习以外的时间,丰富孩子的家庭作业,比如,家务劳动、亲子阅读。

家长要在提高孩子的自主学习力、思考力和专注力方面下功夫,引领孩子学会学习。同时,家长还要督促孩子按时就寝,确保充足的睡眠,加强对孩子网络行为的监管,及时发现、制止和矫正孩子沉迷网络的行为,培养孩子管理好时间。

那么,在"双减"政策之下,家长如何培养孩子管理好作业的时间呢?

1.家长要培养孩子的时间观念。要想孩子能独立自主地规划自己的时间,家长从小就要给孩子灌输时间管理的概念,为未来打好基础。

家长可以让孩子感受一下1分钟、10分钟的长短，对时间有一个认识。可以让孩子在单位时间内测试他们能做多少事，比如，10分钟能写多少汉字，20分钟能阅读多少文字。可以布置一些孩子力所能及的任务，要求孩子在规定的时间内完成。可以用各种形式记录孩子的进步，让孩子从中找到按时完成任务的乐趣，从而养成管理时间的良好习惯。

2.家长要帮助孩子规划好时间。"双减"政策实施了，孩子的作业减少了，为了让孩子不沉迷于手机、电视和游戏，我们家长要帮助孩子树立自我管理意识，培养合理规划、高效管理时间的能力。

家长可以适度安排孩子参加家务劳动、加强体育锻炼、完成个性化作业来训练孩子的注意力和执行力，提升孩子的综合素养。要在尊重孩子意见的基础上，提醒或者督促孩子每天必须集中精力完成一件事情，什么时间做、做多长时间都由孩子自己决定，通过对孩子一段时间的时间意识强化后可以再增加做事的数量和难度。久而久之，就能培养孩子在做事过程中注意分类、次序、节奏的能力，学会分配管理时间。

3.家长要鼓励孩子管理时间。很多家长在帮助孩子做作业和掌握一项技能时，习惯以一种高高在上的"指导者"的姿态出现，孩子做不到就会去指责批评，这样容易导致孩子失去信心。

家长对待孩子时间管理的态度和做法对培养孩子管理作业时间的能力起着至关重要的作用。家长可以带着孩子做某件事，当孩子能够跟随做好后，慢慢放手让孩子独立做某件事。家长在评价时虽然要指出哪些还需要改进，但只要孩子有进步就应该鼓励。同样，当孩子某天完成作业又快又好，家长可以给予鼓励或者奖励；如果某天孩子没有完成，也没必要批评，观察一段时间后仍然没有改变，再作提醒。

4.家长要给孩子一个做作业的环境。孩子做作业需要安静的环境，在条件许可的前提下家长和孩子商定好固定一个做作业的地方。

开始家长可以和孩子一起收拾书桌、书籍等，保证学习环境中窗明几净、物品摆放有序，慢慢地要求孩子学会自己收拾。在孩子做作业的时候，一是要求将手机、电脑等电子产品关闭，或者放在远离作业的地方;二是家长不要频繁地去关心孩子做作业,或者找孩子做其他事情,或者在孩子周围晃动;三是家长关注孩子做作业要有分寸,注意方式、方法,要信任孩子,不要去监督或者偷窥孩子做作业。家长在培养和训练孩子时要有耐心和恒心,不能看到孩子没有改变就放任不管。

5.家长要教会孩子管理好作业的相关物品。孩子做作业前,家长除了要关心有哪些作业,要求孩子调整好写作业的心态和布置好作业的环境之外,还需要满足孩子准备作业的物品。

家长教会孩子管好作业所需的物品,也是管理时间的重要部分。家长要培养孩子在写作业前检查书包、笔袋、材料袋,保证做作业时不差东西,必要时还要准备好水杯等。要保证能够用得到的东西都能够找到,这样就不会出现写作业的时候孩子东翻西找的现象。家长在培养孩子准备好物品时,还要培养孩子的责任心,增强孩子完成作业后自己整理物品的意识。

总之,在"双减"政策之下,孩子的时间多了,如果孩子不能有效地管理好时间,做作业拖拖拉拉,或者没有分清作业的先后顺序、轻重缓急,这样再多的时间也会耗费掉。家长要想孩子完成更丰富的家庭作业,就一定要培养孩子学会管理时间。

## 第三节 家庭作业里必有学会做人

教育孩子学会做人是家庭教育首要的、根本的任务。

"先做人,后做事""先做人,后成才""先做人,后成功",家长要把孩子做人的教育放在做事、成才、成功之前,要高度重视对孩子进行道德品质的教育、法律意识的引导、行为习惯的养成、为人处世的示范,以及社会责任感的培养。

"双减"政策出台之前,社会上有一种教育思潮,就是"唯分数论"和"唯升学论"。于是,许多家长重智育而轻德育或轻体育,更忽视对孩子进行美的教育和劳动教育。这样教育出来的孩子,心中只有自己,缺乏爱心,不懂感恩,对家长没有孝心,对同伴缺少诚心,对给予自己帮助的人缺少感恩心,对需要帮助的人缺少同情心,对与自己有不同见解或观点的人缺少宽容心,对自己、对家庭、对社会缺少责任心,是精致的利己主义者。这样的孩子既不是国家未来所需的,也不会给家庭带来希望、幸福。

"双减"政策出台后,虽然直接针对的是孩子的作业负担,其实,就是希望老师和家长不要只重视文化学习,而忽视孩子德智体美劳的全面发展;希望通过减负,调整教育的内容结构,注重提高孩子的综合素质。因为,一个综合素质高的孩子,意味着他的人生有追求的动力,他的生命有更高的境界。

每位家长都是孩子最好的老师,教育孩子学会做人是家长最重要的责任。家庭教育对于孩子性格及人格的培养具有不可代替的特殊地位。在"双减"政策之下,我们家长要反思自己的教育行为,要把学会做人当作家庭教育的首要任务和重要作业,这才是孩子一生所需要的,能给孩子带来一生幸福的。正如教育家洛克说过:把子女的幸福奠定在德行与良好的教养上面,那才是唯一可靠和保险的办法。

那么,在"双减"政策之下的家庭教育中,家长如何帮助孩子完成"学会做人"的作业呢?

首先,家长要清楚到底教育孩子做一个什么样的人。只有家长知道教育孩子做一个什么人,家长在对孩子的家庭教育过程中才有目的性、针对性。

1.家长要教育孩子做一个有爱心的人。只要有爱,世界就会美好,家庭就会变得美好。爱心教育的内容相当广泛,既包括爱父母、爱家人、爱长辈、爱老师、爱同学、爱身边的人的教育,也包括爱家庭、爱集体、爱环境、爱祖国、爱人民的教育。

家长应当以孝心、感恩心、同情心教育作为切入点,引起孩子共鸣,从培养孩子感恩家长、感激给予自己关爱的人、帮助需要得到帮助的人做起,培育孩子做一个富有爱心的人。

2.家长要教育孩子做一个大度的人。家长无论是想孩子幸福还是培养孩子成才,都要教会他们不仅需要有理想、奋斗、努力,还需宽容大度。"将军额上能跑马,宰相肚里能撑船"讲的是要做有宽大胸怀的人。"不责人小过,不发人隐私,不念人旧恶。三者可以养德,可以远害"讲的是要做有雅量的人。

家长要引导孩子从学会宽容玩伴、同学做起。要让孩子明白,只有心胸宽阔,做到包容大度,才会减少学习、生活中的烦忧,人生的路才会越走越宽广。

3.家长要教育孩子做一个乐观的人。乐观是一种积极的心理状态,是一种充满自信的态度。乐观的孩子会表现出积极进取、持之以恒、迎难而进、永不言败的精神,具有自尊自爱、自信自强的品质。

家长要让孩子懂得,乐观的情感和态度是学习、生活,乃至将来工作的一种内驱力。乐观的精神和品质对现在和将来营造和谐的人际关系,确保身心健康,获得幸福感,实现生命的价值,成为社会有用的人,都具有十分重要的意义。

4.家长要教育孩子做一个有责任心的人。教育孩子做一个勇于负责的人,培养孩子对自己、对他人、对家庭、对集体、对社会的责任感,这本身就是家庭教育的重要责任。有责任感的孩子更容易获得幸福和成功。

家长要教育孩子,作为家庭的一员,应当孝敬长辈、勤俭节约、生活自理、承担家务、关爱家庭;作为班级、学校的一员,应当勤奋学习,全面发展,爱护集体,团结同学,维护集体荣誉,参与班级和学校的民主管理;作为社区、社会的一员,应当遵守社会公德,维护社会秩序,承担社会义务,参与社会公益活动,爱护环境。

其次,家长在教育孩子学会做人的过程中具体怎么做呢?家长应当坚持以示范为前提,以尊重为关键,以说服为基础,引导和督促孩子学会做人。

1.家长要给孩子做好示范,让孩子在潜移默化中学会做人。家长的思想品德、知识文化、经验视野、智慧才能、情感态度、意志品质等像一面面镜子照着孩子,直接影响着孩子的成长。家长怎么样,孩子就怎么样。好家长一定要注意提高自身的修养,以身作则、用心示范。

2.家长要与孩子有效沟通,让孩子在明白道理后学会做人。家长要把孩子当成一个独立的平等的个体,遇事要与孩子商量沟通。如果孩子的想法、行为确实不对,情感态度不好,家长要与孩子摆出事实,讲明道理,说服孩子,让孩子心甘情愿地改变自己。

3.家长要尊重孩子的想法,让孩子有表达情感和意见的机会。尊重是成人和孩子都需要的。无论是在生活中还是学习上,家长都要尊重孩子,给孩子表达自己观点的机会,耐心地倾听孩子的观点,尊重孩子的选择和决定。家长可以建议和引领,但不要把家长自己的观点强加给孩子。

4.家长要与孩子一起活动,让孩子在自然情境中学会做人。人的品格往往是在自然的生活和活动中形成的。家长要创造良好的教育环境,在活动中去培养学生的良好品行。要尽可能多地与孩子一起做游戏、做家务劳动,进行体育锻炼,参加社区活动、户外活动等,让孩子在自然情境中体验做人做事。

5.家长要带领孩子阅读,让孩子在阅读思考中学会做人。"一个人的精神发育史,就是他的阅读史"这句话充分说明了阅读对于个人成长的重要作用。家长要多与孩子一起开展亲子阅读。如果一个孩子喜欢阅读,就会从书籍中得到心灵的慰藉,寻找生活的榜样,净化自己的心灵,获得人生的坐标。

6.家长要带领孩子走近榜样,让孩子在真实形象的激励下学会做人。"预测一个少年的未来,有一个非常简单的方法,就是看他最喜欢的人是谁。"当一个孩子在心目中树立了崇拜的榜样,就可以找到自己与榜样的差距,通过榜样的形象给自己前进的力量,给自己克服困难的勇气,增添热情、激情和活力。

总之，培养孩子学会做人，是我们家长长久的事，既等不得，也急不得。家长要善于在日常家庭生活、学习、活动中抓住教育的契机让孩子建立正确的道德观、人生观、世界观，培养孩子对是非对错的判断力，帮助孩子学会做好人。

## 第四节　要把家务劳动当作业

劳动本来是生活中的平常事，但在现实的家庭生活中许多孩子不会劳动、不愿劳动。有的家长总觉得让孩子干点家务事，笨手笨脚；有的家长还认为让孩子做家务劳动耽误孩子学习。于是，许多家长事无巨细地为孩子包办一切，不让孩子做家务劳动，而没有从孩子全面发展和健康成长的角度思考做家务劳动的意义。

孩子不会做家务劳动是家长的责任，是家长没有给孩子机会锻炼。

一天，有位同事高兴地在办公室讲：

周末下午，自己正要收取凉台上的衣物。儿子小刚跑来了，把升降衣架摇下来，再把衣服一件一件从衣架上取下来。他的速度竟然比我还要快，不一会儿，就把衣物都收放到了屋里。

想起去年春天，也是一个周末，自己正在厨房择菜，儿子小刚过来问我："为啥扫地、做饭、收拾衣物都是女的做呢？"

我说："不是啊，男女平等，家里的每一个人都应该做家务呀！"

后来，有一天，我回家发现小刚正和他外婆一起做清洁。

我看到那一幕时心里特别欣慰，晚餐时我表扬了儿子帮助外婆做清洁的事，儿子听了也特别高兴。

其实，没有天生会做事的孩子，只有不会教的家长；也没有天生的懒孩子，只有不想教的懒家长。

我们家长如果觉得孩子做事笨手笨脚，便不让孩子做家务，那么孩子可能永远是笨手笨脚。家长生怕孩子吃苦受累，耽误学习，可孩子如果不学会吃生活中的苦,哪能吃学习的苦?

不让孩子做家务,出发点是对孩子的关爱,但从长远看这却是对孩子的伤害,一个连生活都不能自理的孩子,怎么自立于将来的工作岗位和家庭?

不让孩子做家务,实际上是斩断了孩子走向独立自主的翅膀,让孩子的未来走得磕磕碰碰。

在"双减"政策之下,家长要利用好孩子从作业负担中减出来的时间,带领孩子学会做家务劳动,注重对孩子综合能力的培养。家长要想孩子适应未来的生活,这是必不可少的教育,要把家务劳动当作家庭教育中经常性的作业。

那么,家长如何让孩子完成好家务劳动这项作业呢?

首先,家长要认识到家务劳动的重要性。从小做家务的孩子,长大后会更优秀。因为一个爱做、会做家务的孩子,在劳动过程中会不断地思考和体验,从中获得更好的专注力、思考力、受挫力和技能,会学会分担劳动责任,分享劳动成果。

1.家务劳动有利于培养孩子独立生活的能力。一个善于做家务的人,说明生活技能高,独立生活能力强,对生活充满自信心,能独自面对各种困难。许多孩子生活能力差,缺乏自立意识和能力,所处环境稍有变化就很难适应,究其原因,其中就有从小缺乏家务劳动的锻炼。

2.家务劳动有利于培养孩子适应未来社会的能力。家长要从孩子小的时候开始每天让孩子做适当的家务劳动,从简单到复杂,慢慢锻炼,让孩子掌握日常的生活技能,养成劳动习惯。一旦走出家庭,走向社会,这些技能和习惯就会在集体生活中表现出来,受到大家欢迎。

3.家务劳动有利于培养孩子的社会责任感。孩子从小做力所能及的家务事,就会在不断实践中逐步认识到自己是家庭的一员,应该而且必须完成一份家务劳动,为家庭这个集体承担一份责任,从而逐步形成一种家庭责任感。这种家庭责任感,便是孩子的社会责任感的基础。

4.家务劳动有利于增进家长和孩子之间的情感。如果家长和孩子一起完成一项家务劳动,教孩子做家务的方法,孩子就能在劳动中确立自己的家庭归属感,获得劳动后的自豪感。亲子之间还会增添更多的交流机会,这样既让一家人其乐融融,也能让孩子在劳动中体会家长为自己的付出。

5.家务劳动有利于培养孩子的团队意识和合作精神。有些家务劳动孩子可以独自完成,有些家务劳动凭借孩子个人的能力是很难完成的,这个时候孩子就需要寻求帮助,与家人配合完成家务。这样就能培养孩子初步的团队意识、合作精神,这对孩子未来社会关系的建立很有帮助。

6.家务劳动有利于培养孩子的意志品质。世界上没有任何事情能够像家务劳动这样繁杂、琐碎、持久。在长期的家务劳动中,孩子除了能够在反复的操作中掌握生活技能外,还能够在困难、挫折中获得体验和磨炼,在枯燥中学会坚持。这样,在孩子的成长过程中就有了吃苦耐劳的精神、坚忍不拔的毅力。

其次,家长要有培养孩子做家务劳动的方式和方法。让孩子尝试做力所能及的事情,不要怕孩子做不好,更不要心急,要有意识地培养孩子的自理能力。家长要懂得适当放手,不包办代替。孩子对做家务的热爱需要家长的积极引导。

1.家长要做好家务劳动的示范和引导。要想让孩子热爱家务劳动,家长一定要热爱做家务,并且要做好示范和引导。比如,让孩子一起参与择菜,从择菜到洗菜家长都要示范给孩子看,让孩子知道所吃的菜肴需要经过这些步骤才能食用。晒衣服时还可请孩子帮忙拿衣架,由家长晾衣服;收衣服时,如果孩子还小,可由他(她)负责拿自己的衣服;叠衣服时,可以让孩子学习折叠及分类放好。

2.家长要积极评价孩子劳动的过程。家长在做家务时要主动邀请孩子参与帮忙,让孩子意识到自己的重要性。在我们家长心中,孩子劳动过程的意义要大于劳动的结果。布置家务时,要让孩子自主选择或者自行决定要做的家务项目,这比被动分配更能提高孩子的积极性。

在做家务劳动的过程中家长一定不要吝啬鼓励性评价。随着孩子能力的提升要给予孩子挑战性的事项,让孩子保持对家务劳动的新鲜感和乐趣性。

3. 家长不妨让孩子做好分内的事情。要让孩子明白自己是家庭的一员,有分担家庭责任的义务。家长要坚持让孩子完成一定的家务劳动,让孩子感受到自己也是家庭的一员,有参与劳动的责任,特别是要孩子完成自己的事情。家长要给孩子制订家务劳动计划,并从开始的教会、帮助,到放手让孩子独自完成,必要时要进行过程督促和检查完成的情况,让孩子慢慢懂得和习惯做家务是自己分内的事情。

4. 家长要让孩子在家务劳动中有成就感。家长要从孩子小时候开始教育孩子做家务事,并根据孩子的年龄和能力循序渐进地进行,这样才能让孩子做好家务。即使刚开始做不好,家长也不要去批评孩子,而要尽可能去发现孩子做家务过程中的亮点。本来孩子完成了某项家务就很有获得感,如果还能得到家长的表扬和鼓励,就会更有成就感。也只有多肯定孩子做家务,才能激发孩子做家务的热情。

5. 家长要让孩子了解家务劳动的快乐。家长自己做家务劳动,不必要经常对孩子抱怨自己是多么的辛苦,那样会让孩子觉得家务劳动是件辛苦的差事。应该告诉孩子今天又完成了什么家务事,必要时指着劳动的成绩给孩子看,可以告诉孩子劳动过程的快乐和好处。当孩子独自完成一项家务劳动后,家长要告知孩子劳动的价值,让孩子的心中因劳动而充满快乐。这样,久而久之,孩子就会觉得劳动是快乐的,也会崇尚劳动、热爱劳动。

总之,在培养孩子做家务劳动方面,家长如果退一步,孩子就能进一步。家长要懂得从孩子小时候开始就要引导孩子学做家务,逐渐让孩子成为自己做家务的好帮手,慢慢地放手让孩子独立做家务,这样就能培养孩子越来越独立、热爱劳动、热爱生活。

## 第五节　把体育运动也当成孩子的作业

生命在于运动。

让孩子从小热爱、学会运动，会给孩子带来一生的好处。

近年来，戴眼镜的孩子越来越多，孩子的身体素质越来越差，早在2020年，国家体育总局和教育部联合印发了《体育总局　教育部关于印发深化体教融合　促进青少年健康发展意见的通知》（体发〔2020〕1号），该通知旨在加强学校体育工作，并将体育科目纳入初、高中学业水平考试范围，纳入中考计分科目。在此背景下，家长开始在家庭生活中加进运动。

现在，在"双减"政策出台和教育改革的大背景之下，减作业和减去辅导班后空出来的时间里，家长更应该鼓励和带领自家孩子多做一些"运动"作业。

大量研究表明，适当的运动不仅可以起到强身健体的作用，还可以锻炼孩子的意志力，让孩子在生活和学习中能勇敢地面对挫折，努力克服困难。此外，运动还能激发孩子的潜力，让孩子在学习中思维更加活跃，提高孩子的学习效率。

从科学角度来讲，不同阶段的孩子在认知发育、身体机能发育等各个方面存在不同的规律。因此，我们家长要遵循不同阶段孩子的发展规律，制定切实可行的运动方案。

那么，我们家长如何把运动当作必要的家庭作业呢？

首先，家长要认识到孩子积极参加运动的必要性。运动有许多好处。

1.运动能激发孩子的骨骼发育。运动可以促进孩子的生长发育，增强其身体素质，有利于各个阶段的孩子的良好发育。体育运动能改善血液循环，让骨组织得到更多的营养，同时，对骨骼起着一种机械刺激作用，这样就能促使孩子的骨骼生长加速，使孩子的身高随之有所增长。

2.运动能增强孩子的身体素质。参加运动,可以让孩子拥有更强壮的体魄,或者更健硕的肌肉。同时,还能增强孩子的免疫力,提高其抗病毒的能力,有利于让孩子自我保护。如果孩子天生体弱多病,是可以通过运动来改变孩子的身体状况的。当家长发现自己的孩子患上了肥胖症,或者是有肥胖趋势的时候,最好是带着孩子一起运动。

3.运动能磨炼孩子的意志品质。运动可以磨炼孩子吃苦耐劳的意志力,孩子有了坚忍的意志品质,在以后的学习和生活中就可以不畏艰难,不会轻易地被打倒,不会轻易放弃追求的目标。孩子在运动中体验和承受竞争的胜负情感、身体的疼痛,以及遵守各项运动规则等,对培养孩子的抗挫力、竞争力、自控力都是有好处的。

4.运动能改变孩子的性格。孩子经常运动,不仅能增强体质,心理素质也会提高。孩子参加运动可以暂时忘记心中的不快,促进孩子的情绪健康化。运动能培养孩子积极乐观、勇往直前、不服输的顽强拼搏的精神。如果孩子有好的身体,有某项运动特长,还能克服自卑感,增强自信心。如果参加集体项目的运动,还能培养孩子的责任感、合作意识。

5.运动能提高孩子的体育成绩。初中学生毕业之后要考高中,考高中的科目中就有体育。体育的成绩占到50分(可能各地有所不同),那么,即便是从升学的角度讲,体育运动也很重要。所以,我们家长要把运动当成作业,有针对性地训练。

6.运动能提高孩子的学习成绩。运动可以使孩子的大脑保持清醒,提高孩子的学习效率。运动能提高孩子的大脑供血,改善大脑血糖和氧气的供应,促进孩子大脑细胞的新陈代谢,提高大脑的活动能力,有利于孩子的智力发育。另外,运动还是孩子劳逸结合的最佳方式。

其次,家长要结合生活区的地域环境、孩子的身体情况和兴趣,陪伴不同阶段的孩子参加运动,让运动成为孩子的习惯。

1.家长要做好示范,带头运动。孩子天性爱玩,"双减"政策之前因为作业负担重,少有运动的时间,而今作业减少了,孩子有了充裕的时间,这时我们家长就应该多抽出时间来陪孩子运动,包括周末、节假日、晚饭后的时间。家长要做好示范,带头运动,通过自己的言传身教引导孩子爱上运动。

2.家长要舍得时间,陪伴运动。年龄越小的孩子,越需要陪伴运动。家长可以一起做家务活动、整理玩具等,也可以玩耍游戏,比如,障碍跑、抓人游戏、过独木桥、前滚翻、折纸、搭积木等。只有家长尽可能地多抽出时间来陪孩子,与孩子一起运动,增强孩子运动的兴趣,才能帮助孩子逐渐养成良好的运动习惯。

3.家长要根据时空,选择运动。根据所处的不同地域和不同季节给孩子选择合理的活动项目。北方的冬天寒冷,应尽量避免长时间在户外运动,尽量选择室内的运动项目。南方的夏季炎热,应避免在阳光直射、紫外线最强的时间段让孩子进行户外运动,防止对孩子的皮肤和眼睛造成伤害。

4.家长要根据年龄,合理运动。由于各个年龄阶段身体的灵活性、协调性、各个器官的承受能力等都不相同,每个孩子的身体情况也不相同,因此每个年龄段都有不同的黄金锻炼方法。家长要让孩子从适宜自身年龄及自身条件的运动开始,也就是说,运动要符合孩子自身的身体发育规律。可以根据小孩子的兴趣,巧妙地将跑、钻、爬、攀等功能性动作结合在游乐之中。可以支持大孩子参加球类等运动。

5.家长要灵活安排,多样运动。研究表明,不同的运动项目对孩子能力的锻炼也不相同,有的运动可以让孩子全身得到均衡锻炼,有的运动可以专门锻炼孩子的某一个方面。比如,游泳不光可以让孩子的身材更加匀称,同时对大脑的功能发育也有很大的帮助;长跑、短跑等运动除了可以培养耐力与速度,还可以培养坚韧不拔的精神。专家建议正确的运动方式应该是全身均衡锻炼,不要局限于个别运动项目。

最后,家长陪伴孩子运动时要注意以下几个方面的问题,不要盲目运动。运动要选择好地点、时间,以及运动的项目,要把健康和安全放在心中。

1.鼓励小孩子积极游戏,包括自主游戏和亲子互动游戏,尽可能让孩子处于活跃的状态。大孩子每天的累计活动时间要达到180分钟,中等强度时间达到60分钟。一旦在运动过程中孩子出现身体不适的情况,要立刻停止运动,让孩子休息,并且仔细观察孩子的不舒服是否得到缓解,若没有缓解要及时就医。

2.无论是小孩子还是大孩子都应从自身条件出发开展适宜的运动,逐渐增加运动的频率、强度和持续时间。肥胖的孩子不适宜长时间进行剧烈运动,一般做些行走、慢跑、骑车等低强度运动,逐渐增加运动强度。

3.家长要重视孩子运动后的状态,如果发现孩子关节肿胀、有异响等情况,一定要及时就医。家长要高度重视孩子提出的关节痛等问题,有的家长认为小孩子磕磕碰碰很正常,不以为然,很可能导致耽误治疗的最佳时间。

4.饱食后不宜做剧烈运动,如果此时进行剧烈运动,会导致消化功能减弱,甚至出现恶心,呕吐。饱食后运动还容易导致胃病、阑尾炎等疾病。饭后一小时运动较好。过饥运动也不好,会消耗大量的能量,会使血糖浓度降低,容易出现低血糖。

总之,在"双减"政策之下,客观上孩子有了更多的运动时间,家长要尽可能给孩子安排运动的作业。小孩子运动时家长应尽可能陪伴,大孩子运动时家长要了解知晓,选择的项目要适合孩子的特征。家长要学会引导孩子用运动去挤占玩耍手机的时间。

## 第六节 增加孩子的美育作业

爱美之心,人皆有之。

现在,虽然不同家庭有收入的差异,但是大部分家庭已得到了物质上的基本满足,可是,从班级里孩子的仪容仪表、个人卫生、文明礼节、待人处世来看,呈现出来的美感是千差万别的。部分家长只重视孩子物质方面的满足,或者只希望孩子有好的学习成绩,而缺少对孩子美的教育。

美育不止美术教育,家庭美育既指培育孩子热爱文学、绘画、音乐、戏剧、电影、舞蹈等,也包括教育孩子要思想美、品德美、情操美、性格美、习惯美、风度美、语言美、行为美、体魄美等。

2020年10月15日,中共中央办公厅、国务院办公厅印发了《关于全面加强和改进新时代学校美育工作的意见》,指出:"美育是审美教育、情操教育、心灵教育,也是丰富想象力和培养创新意识的教育,能提升审美素养、陶冶情操、温润心灵、激发创新创造活力。"

"双减"政策的出台,针对的是野蛮式生长的学科培训,非学科类培训不仅没有受到影响,还得到了加强。

在"双减"政策之下,孩子过重的校内校外作业负担有所减轻,家长对孩子的美育正当其时。家长要在家庭教育中引导孩子形成正确的审美意识,能鉴赏美,有创造美的要求和能力。

首先,家长要意识到美育对孩子的影响。在人工智能愈加繁荣的大环境下,许多事情被机器替代,唯有智慧的头脑、审美的眼光、自身的创造力,才是我们家长应给孩子未来的投入。美育能促进智力、想象力、创造力的发展,审美伴随孩子的一生。

1. 美育有较大的社会意义。美育有助于整个社会形成正确的审美观,有助于社会良好风气、良好人际关系的形成和抵制陈腐风气。家庭是开展美育的重要场所,家长对孩子从小开展美育能为孩子将来形成正确的审美观点和审美能力打好基础。

2. 美育能促进孩子的全面发展。通过美育培养孩子感受美、表现美、创造美的能力,是教育孩子全面发展的重要组成部分。所谓的"五育"并举,美育是其中重要的内容。美育不仅是一门独立的教育,它还对体育、智育、德育、劳动教育起到催化作用。

3. 美育有利于孩子的智力发展。人脑左右两个半球各有重要机能,左半球分管逻辑思维,右半球分管形象思维,只有两个半球协同活动才有利于心理发展。艺术教育可以促进孩子形象思维的发展,有利于两个脑半球协同活动。

其次,家长如何开展美育呢?孩子感受美、欣赏美、创造美的能力和正确的审美观并不是生来就有的,也不会自然而然地产生,需要经过教育和训练才能获得。我们家长应该抽时间陪孩子听听音乐、逛逛画展、享受阅读、亲近自然、感受生活。

1.家长要培养孩子对音乐的兴趣。家长对孩子进行音乐教育主要不是为了培养音乐家,而是增强孩子对音乐的亲切感,激发孩子学习演奏某种乐器的兴趣;是让孩子能自觉受到音乐艺术的熏陶,培养孩子的音乐修养。

家长要教小孩子唱歌。教孩子唱歌时,先要告诉孩子学唱的这首歌叫什么名字,讲一讲这首歌是什么意思。然后家长先唱一遍给孩子听,要生动地、有表情地、清楚地唱,使孩子有一个美好完整的印象。家长可以根据起床、吃饭、游戏、入睡等不同情景选择适宜的音乐让孩子听。起床时听轻松愉快、活泼有力的乐曲;吃饭时听舒缓、优美的音乐;就寝时听轻柔的摇篮曲等。

家长要带着大孩子欣赏音乐。在孩子欣赏音乐时家长可以结合情景给孩子讲故事,也可以和着音乐的节拍和孩子一起踏步、跳舞、游戏。家长要指导孩子欣赏电影、电视、舞蹈中的音乐,这对于孩子准确理解音乐,丰富想象力是非常有益的。家长要常带孩子去听音乐会,让孩子亲眼看看乐队指挥是怎样挥舞双臂打拍子的,认识舞台上各种各样的乐器,以及形式多样的演奏与演唱。

2.家长要引导孩子热爱美术。家长可以利用一切机会与条件让孩子欣赏美术作品,引起孩子对形体美、色彩美、质地美的兴趣,引导孩子热爱美术,逐渐提高孩子审美和创造美的能力,进而达到陶冶孩子情操、温润孩子心灵的目的。

家长要尽可能为孩子提供美的家庭环境。家里可以挂些格调高雅的字画,放置一些富有艺术性的居室装饰物,给孩子提供一个充满艺术情趣的居住环境。家长要鼓励孩子大胆地用各种材料和形式去表现对周围事物的认识与感觉。对于孩子的作品,家长不能在技法上太计较。只要孩子能画出或者构造出物体的主要部分和基本特征,并能表现出一定的情节性,就应得到家长的肯定和赞扬。这样就能让孩子体会到成功的喜悦与快乐。

家长要结合孩子的年龄特点带领孩子欣赏中外名画、名作。有条件的话,可以多带孩子去美术馆、博物馆参观,让孩子接触那些造型艺术中的精品佳作,感受一下那些经典作品的魅力,以及古代人民的智慧和对于美的追求。家长要利用一切机会让孩子观察、了解他周围的事物,积累关于这些事物的印象与感受,激发孩子从内心深处产生要表现这些事物的强烈欲望。这样,在孩子自己的表现欲望的驱使下进行的美术活动,往往最能反映孩子对外界事物的感知,也最能发挥孩子自身的智慧与能力。

3. 家长要让孩子受到文学的熏陶。文学作品用生动的语言形象化地反映自然的、社会的、时代的、家庭的状态,以及人物的情感状况、思想品质等。家长让孩子阅读这些作品,可以让孩子获得丰富的知识,感受到美的熏陶。

家长要通过给孩子读顺口溜、绕口令,朗诵诗歌和讲故事等生动的文学形式启发孩子对优美语言的兴趣,激发其求知欲,提高其语言表达能力。家长要重视给孩子提供好的环境,促进孩子多看、多听、多说、多模仿。家长要提醒孩子尽可能恰当地运用语言技巧,声音有大小,声调有高低,停顿有长短,以及用不同的声音来表现不同的人物形象和思想感情。

家长要通过儿歌、谜语、快板、故事等来培养孩子的文学兴趣。家长讲故事时有时可以不必讲完,在故事发展的高潮处或者情节转折处停下来,剩下的故事内容让孩子靠自己的想象来添加完成,把故事编完。还可以根据故事中不同人物的形象、心情、环境、语气让孩子来表

演,以帮助孩子理解内容。家长要抽出时间开展亲子阅读,一起看绘本,有趣的故事搭配上多彩的图案和多样的图形,既能提高孩子的兴趣,又能启发孩子发现美。

4.家长要通过大自然对孩子进行美育。大自然是一部无与伦比的美育好教材,是美育的源头活水。著名作家席慕蓉说:"如果一个孩子没接触过大自然,没有摸过树的皮,踩过干而脆的落叶,就没办法教他美术,因为他没第一手接触过美。"

家长要带孩子接触、亲近大自然。要让孩子去欣赏蔚蓝无垠的天空、汹涌澎湃的大海、逶迤的山峦、奔腾的江河、千姿百态的鱼虫鸟兽、万紫千红的花草树木;去感受瑰丽的色彩、生动的形态、动听的音响、神奇的变化。家长带孩子欣赏自然美景时要边看边指点,边走边讲。必要时可以驻足观赏,让孩子细细品味大自然的美妙之处并将它储藏于心灵深处。为提高孩子的欣赏能力,家长可以用简练的语言向孩子描述景色,也可以用儿歌、小散文来启发情感,使艺术语言和眼前的美景融合在一起,进一步触发孩子的想象与美感,加深其对美的体验。

随着孩子年龄的增长,有条件的家长要多带孩子去行走、旅游,让孩子更多地接触大自然,在孩子幼小的心灵中留下广阔、博大、斑斓的美,也给孩子播下热爱大自然、保护自然环境的种子。家长还可以通过看图画、电影、电视,听广播,讲故事,观看艺术表演等,满足孩子对大自然的好奇心和求知欲。家长不明白的问题可以带孩子一起去请教老师或查阅资料,寻找答案。这样不仅满足和激发孩子的求知欲望,而且让孩子学到一些解疑答难的具体方法,对孩子的学习是大有好处的。

5.家长要在社会生活中向孩子进行美育。家庭的室内外环境应当整洁、绿化、美化。要为孩子创设活动的小天地,小天地里除了清洁、放置有序外,要用孩子喜爱的色彩、饰物进行装饰。要结合孩子的年龄特点,配合不同时期的教育内容,使孩子能够经常性地受到美的熏陶。

家长要引导孩子观察社会生活中的美好事物,要让孩子知道什么是真、善、美,什么是假、恶、丑,培养孩子美的感受力和鉴别力。要在社会生活实践中引导孩子从小注意形象的朴实端庄、语言的文雅大方、举止的文明礼貌、待人的友好热情。要引导孩子注意穿衣打扮,如果孩子的服装美观大方,有利于促进孩子身体的发育和动作的协调。

家长也要加强自身的修养,严格要求自己,使自己的举止言行、待人接物、穿着打扮、品德行为等方面都给孩子以美的影响。

总之,随着对美育的重视,在"双减"政策之下,我们家长要根据家庭的实际情况,理性规划孩子未来的发展方向,培养孩子的兴趣,重视美育,引领孩子感受艺术之美、生活之美、心灵之美。

## 第七节 人际交往也是家庭作业

人生一世,交往一生。

人际交往是孩子基本的、本能的需求。如果孩子没有正常的同伴交往,不能和他人建立友情,孩子会产生孤独的感受,会有孤僻的行为,久而久之,对孩子的心理或者性格会产生负面的影响。如果孩子只知道学习,而不会交往,不仅影响心理健康,也会影响学习,将来进入社会也不知道该怎样与人交往,从而无法适应社会。

孩子交往的对象往往是年龄、智力、身心发展水平相近的伙伴和同学,他们有相同或相近的兴趣,这样在交往时更容易产生共鸣,表现出平等的对话和往来,这些恰好是孩子所需要的。

经过观察我们发现,会交往的孩子,不仅身心健康,与同伴之间可以相互学习、取长补短,而且在交往中还能获得心理体验和书本上不能得到的生活常识,有助于学习成绩的进步。

孩子交往的好处,主要体现在以下三个方面:

1.交往有利于孩子的智能发展。哈佛大学心理学家加德纳提出,人际交往是一种基本智能,指能够察觉并区分他人的情绪、意图、动机和感觉,并运用语言、动作、手势、表情、眼神等与他人交流信息、沟通情感

的能力。孩子交往的过程是智能、情感的活动，交往的技能和状况会开发其智能，并影响其智能发展。

2.交往有利于孩子的心理健康。交往代表着孩子的心理适应水平，是心理健康的一个重要标志。与同伴的交往直接影响孩子情绪、情感和个性的发展。善于和同伴交往的孩子，其情绪、情感与个性发展通常较好。我们家长应注意从小培养孩子良好的交往能力，提高孩子的交往水平，这对促进孩子的心理健康发展，预防各种心理疾病有着积极而重要的意义。

3.交往有利于孩子习得交往技能。孩子对自己形成倾向性的自我认知，并建立合理的、积极的自我期望往往是在交往中实现的。在与同伴的交往中，孩子会尝试性获得自尊、自信、自强、自爱。交往还为孩子提供了独立应对世界、独立处理问题的机会，是培养孩子独立能力的最佳方式，能为其成年后的人际交往能力奠定良好的基础。

在"双减"政策的背景之下，孩子的时间多了，特别是低年级的小孩子，家长除了带着孩子阅读、劳动、运动、活动之外，还要积极与孩子沟通，给孩子搭建平台，有意识地引导孩子完成好与其他孩子相处、交往的"家庭作业"。

那么，家长如何引导孩子的人际交往呢？

首先，家长要接纳孩子的交往伙伴，尊重孩子的交往兴趣，关注孩子的交往情况。

1.家长要接纳孩子的交往伙伴。家长如果拒绝和敷衍孩子的伙伴，会使孩子在与同伴交往时产生退缩行为。家长不必太在意孩子们在一起时对家中清洁与秩序的"破坏"。要鼓励、允许孩子拿自己的食物、玩具、用具招待他的伙伴。要给孩子空间，允许孩子们单独在一起说悄悄话、进行秘密的活动。平时要鼓励孩子和伙伴组成小组共同学习、共同游戏。假日里应主动为孩子创设机会与伙伴们一起游玩、一起活动。

2.家长要尊重孩子的交往兴趣。应尊重孩子的交往兴趣，让孩子明白与伙伴交往是自己的权利，处理伙伴交往中出现的问题也是自己的责任和义务。这是对孩子独立人格的肯定，也是培养孩子独立性的重要一步。家长要倾听孩子的理由，允许孩子自己选择伙伴，并尊重孩子和伙伴在一起时谈什么、做什么。必要时指导孩子正确处理与伙伴交往时出现的矛盾，鼓励孩子自行解决问题。

3.家长要关注孩子的交往情况。由于孩子年龄较小，判断是非、自制自控的能力较差，因此，家长要积极关注孩子的交往状况，预防交往带来的不良影响。要有意识地经常和孩子讨论择友的标准与注意事项，以及如何恰当地选择交往的伙伴。家长还可以对孩子与伙伴交往的活动内容、形式提出建议，鼓励孩子把交往时遇到的困难讲出来，并引导孩子分析情况，寻找解决的办法。

其次，家长要指导孩子的交往技巧。我们家长要善于指导孩子在同伴面前展示自己，交往中要做到心胸宽广、宽以待人，不斤斤计较，要学会尊重他人，在集体活动中做事要积极，要愿意吃亏。

1.家长要教会孩子向伙伴展示自己。家长要指导孩子耐心倾听、细心观察，知道伙伴喜欢什么、排斥什么。教会孩子正确评价和认识自己，对自己的优势不自夸，对自己的不足不忌讳。同时，鼓励孩子抓住机会、大胆展示，以便获得伙伴的接纳，进入伙伴的圈子，赢得伙伴的认可。要教育孩子学会谦虚，向伙伴的展示要适时、适度，否则容易引起别人的反感。要培养孩子礼貌、文明的行为，让孩子知道这是成功展示自己不可缺少的金钥匙。

2.家长要鼓励孩子学会宽以待人。家长要教育孩子宽容是美德，是不计较而不是示弱，是理解而不是迁就，宽容体现的是情操、修养。要教育孩子学会宽容，这样才能赢得好心情、好人缘和好生活。要教育孩子学会理解、宽容，应从身边的小事做起。要让孩子懂得倾听别人的辩解是宽容的开始，站在对方的立场上想一想是宽容的根本。引导孩子面对非恶意的冒犯，不要计较结果，学会宽容地笑一笑，化干戈为玉帛。要鼓励孩子善于吃亏、善待生活。

3.家长要教育孩子尊重伙伴。家长一定要让孩子学会尊重伙伴，平等待人。告诉孩子,人与人之间是平等的,只有平等地对待别人,别人也才会平等地对待你。只有尊重别人,别人也才会尊重你。家长要让孩子懂得,每个人都有着自己的优点和缺点,每个人都有需要向别人学习的地方。所以,在与人交往的过程中,不能有势利眼的现象,要尊重每一个人。

4.家长要引导孩子积极参加活动。孩子乐于参加集体活动,家长要有支持的态度。对于个性比较胆小、喜欢安静,或者对活动兴趣不浓的孩子,家长就要积极开导和帮助。一是让孩子与亲朋邻里间的孩子交往,鼓励孩子有条件地参与各种丰富多彩的集体活动;二是要了解孩子的心理需求,根据孩子的能力、爱好、兴趣组织集体活动。对于孩子在活动中的点滴进步和突出表现,家长都要给予肯定。

总之,人际交往意义重大。家长可以通过孩子的人际交往让孩子在相互陪伴中共同成长。在"双减"政策之下,孩子有了相互交往的时间,家长要借此指导自家孩子学会和多参与人际交往,把人际交往当成孩子的家庭作业的一部分,助力提升孩子的综合素质和能力。

## 第八节 挫折教育是孩子不可或缺的作业

孩子在成长中遇到挫折在所难免。家长要让孩子正确认识学习、生活中遇到的挫折,并对孩子进行挫折教育,提高孩子应对挫折的能力,这是家庭教育中不可或缺的作业。

放眼看,很多成功人士或多或少都经受过磨难,屈原被放逐而写出了流芳百世的《离骚》;司马迁遭"宫刑"而撰写了中国第一部纪传体通史《史记》;曹雪芹家道中落而著《红楼梦》。正所谓,自古英雄多磨难,苦难造就人才。

经历过挫折的人,可以享受最好的生活,也能够承受最差的苦难。

他们更经得住诱惑，也更清楚自己想要的到底是什么。让孩子经历挫折，才是对孩子的人生负责。

面对挫折，不同的孩子会有不同的态度，有的孩子会退缩，有的孩子则勇往直前。这种差异往往与孩子的精神状态、生活经验、心理准备，特别是对挫折本身的认知相关。

对于一遇到挫折就退缩的孩子来说，究其原因有以下几种。

1. 生性懦弱。有的孩子在遭受挫折时由于意志薄弱，看问题、做事情总是从对自身不利的角度考虑，往往容易产生焦虑、自卑的情绪，对自己丧失信心。

2. 娇生惯养。有的孩子从小被家长一味赞扬，生活上包办一切，受到过多保护，有坐享其成的习惯，稍不称心就发脾气或畏缩逃避，而且听不得批评。

3. 期望过高。有的家长对孩子期望过高，孩子遭受的责备多而获得的成功体验少，这样的孩子在生活中压力大，做事往往缩手缩脚，稍遇挫折就放弃。

家长要明白，一棵小树苗总是要经历风吹雨打。同样，培养孩子的挫折意识，在生活中锻炼孩子正确地面对挫折是十分必要的。

其实，影响孩子面对挫折的主要因素在于心态。为什么很多国家会提倡孩子参加竞技体育比赛，他们不是为了奖牌，而是为了磨炼孩子的心态。因为比赛有赢有输，孩子既要面对赢，也要学会面对输。"输"会让孩子心中产生一种保护机制，他们将来在人生旅途中遇到挫折、打击、失落的时候能够熬得过来、挺得过去，而且孩子在经受挫折之后还会反思，这样有利于孩子的成长。

"双减"政策减去的是孩子的负担，并没有减孩子面对困难的勇气，没有减孩子吃苦耐劳的精神。我们家长要利用好"双减"后孩子空闲的时间灵活地开展挫折教育，这是培养孩子适应未来社会的能力的需要。

那么，家长应该怎样对孩子进行挫折教育呢？

1. 家长要正确评价自己的孩子，引导孩子正确认识、评价自己。家

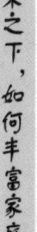

长对孩子的评价过高或过低都会阻碍孩子对自己进行客观的评价。只有从孩子的实际出发，对孩子抱有合理的期望，引导孩子对自己进行正确的认识和评价，孩子才会客观、冷静地面对生活、学习中的失败和挫折，并经受住考验。

2.家长要在孩子的生活、学习过程中教会孩子面对挫折。家长一定要教会孩子做力所能及的事情，不能包办代替完成孩子能够自己完成的事情，不要害怕孩子做不来事或者做不好事，应放手大胆地让孩子去尝试做事，要允许孩子做事失败。只有这样，孩子才能对生活、学习中的问题、困难有体验和认识，从而学会如何面对挫折。

3.家长要有意识地创设情景，让孩子得到各方面的锻炼。家长要有目的、有计划地设置各种让孩子经受挫折的情景。它们可以是让小孩子完成系鞋带、叠被子、收玩具等小事情，让孩子在生活中感受困难和挫折。大孩子可以做洗碗煮饭、整理房间等事情，可以参与登山、行走等户外活动，让孩子在活动、劳动、运动等情景中体验挫折。不会的事学着做，让孩子得到磨炼，迎战挫折。

4.家长要因人制宜地向孩子提要求，培养孩子的自信心。家长要在了解自家孩子的基础上，根据孩子的个性特点、能力水平提出适度的要求。如果孩子不能遵守要求，家长就要给予孩子一定的帮助，增强孩子做事的自信心，引导孩子克服困难，迎接挑战，战胜自我。一旦孩子经过自己的努力能遵守家长提出的要求，孩子就会有成就感，或者体验成功的喜悦，进而获得自信心。

5.家长要培养孩子战胜挫折的耐心，培养孩子坚韧不拔的精神。当孩子面对挫折和失败时，家长既不要着急或责备，也不能观望或等待，而是要承担起教育的责任，积极培养孩子面对艰苦和战胜困难的勇气，要流露出对孩子的关心和肯定，以乐观的情绪感染孩子，给孩子以支持和力量。同时，要让孩子懂得战胜挫折不是靠一时的热情，而是需要学会忍耐，有永不放弃的精神。

6.家长要教会孩子保持健康的心理状态，教会孩子面对挫折的方法。家长要明白,有些挫折是无法通过孩子的主观努力来面对、克服的。家长需要和孩子一起分析与挫折有关的要素,教会孩子正确面对挫折的心态和方法,合理运用心理的自我防卫机制,让孩子懂得正确认识自己、评价自己,必要时要引导孩子学会心理调节和迁移,学会调整目标或改变做事的方式。

7.家长要帮助孩子认识到挫折总是暂时的,结局是可以改变的。遇到不能逾越的挫折是常有的情况,如果孩子不能正确地认识挫折,挫折感就会影响孩子的情绪。如果让这种情绪长期持续下去,就会影响孩子的自信心。所以,家长要教育孩子懂得,挫折是必然的,但也是暂时的,雨后是彩虹。美国明尼苏达大学儿童发展学院的心理学教授梅斯坦指出:当孩子遇到一些挫折时,应该告诉孩子困难和挫折都会过去。

总之,对孩子进行适度的挫折教育是孩子健康成长中不可或缺的一课,家长在家庭教育中要让孩子完成好相关的"作业"。家长只有让孩子从大人的臂弯下走出来,让孩子勇敢地面对挫折、承受挫折,孩子才可能成为生活中的强者。

## 第九节　让孩子学会管理零花钱

未来孩子将面临的生存环境及市场竞争会更加激烈。现代社会中,不会花钱是很难适应纷繁的社会生活的,学会花钱是孩子人生旅途中的必要经历。我们家长不要让孩子回避理财,否则当孩子长大进入社会后,不知道钱怎样储蓄和管理,可能会因为不善于理财而背上债务,甚至产生更为严重的问题。

现在教会孩子支配零花钱不是单纯地让孩子学会消费,而是要培养孩子的花钱意识和自我控制的能力,增强孩子的责任感,养成良好的消费习惯。

"双减"政策之下,家长培养孩子学会管理零花钱是培养孩子的实

践能力的良好机会。无论是现在的学习,还是将来的生活,学会理财都有必要。一是现在孩子的作业、考试题很多时候都涉及理财问题;二是管理好零花钱不仅有利于培养孩子的理财能力,还有助于孩子明白金钱的概念和功用、学会合理安排支出和节制欲望等。让孩子学会管理好自己的零花钱是一个学习、体验的过程。

那么,我们家长究竟应该如何引导孩子学会管理好自己的零花钱呢?

1.要让孩子树立正确的金钱观。生活条件改善了,孩子手中的零花钱也越来越多,主要是长辈们给的零用钱、压岁钱或金钱奖励。钱多了,孩子就不太珍惜了。有的孩子还认为零花钱是自己的,自己想怎么花就怎么花,家长管不着。所以,家长有必要引导孩子正确地使用零花钱,做到节约用钱,树立正确的金钱观。要教育孩子对于金钱不能贪婪,不能轻视,不能成为金钱的奴隶,也不能低估金钱的作用,应该合理地得到它,正确地使用它。

2.要让孩子懂得量收入而支出。很多孩子不知道家长挣钱的辛苦,以为钱来得很容易,花起来也不心疼。如果放纵孩子过度的消费欲望,只能助长孩子的恶习。一旦家长不能满足孩子的消费欲望时可能影响亲子关系或出现意外情况。所以,家长对孩子的花钱行为要进行一些必要的约束,以便使孩子的消费习惯符合家庭的经济状况。要让孩子知道钱来之不易,每一角钱、每一元钱都是辛勤劳动得来的,这样孩子花起钱来也就不会大手大脚,就会慢慢懂得有计划地用钱。

3.要让孩子明白金钱不是万能的。金钱很重要,但不是最重要的,还有比金钱更重要的东西。有钱可以买来财物,却买不来精神和道德;有钱可以买来书本,却买不来知识;有钱可以买来药品,却买不来健康;有钱可以买来化妆品,却买不来自然美、心灵美;有钱可以雇人替你干活,却买不来体验和技能;有钱可以拉拢别人,却买不来真正的友谊。我们家长要通过教育让孩子明白,金钱不是生命中的唯一,这样才有利于孩子开阔视野、独立思考,追求丰富多彩的人生。

4.要让孩子养成节约的意识。如果孩子手中的钱较多,许多时候总是拿这些钱随意花费,没有节约和管理钱的意识,买许多根本不需要买的东西,造成浪费。所以,我们家长要教育孩子珍惜物品,学会节俭。要让孩子懂得所吃、所穿、所用来之不易,随意浪费是不珍惜劳动果实和不尊重家长劳动的表现。另外,给孩子的钱要比孩子所需的数额稍低一些为好,而且要定期发放,这样孩子才会养成按计划花钱、勤俭节约、积少成多的生活习惯。

5.要让孩子在花钱中学会花钱。家长可以给孩子一些花钱的机会,让孩子去菜市场买菜,去超市买日用品,同时教会孩子购物时要考虑价格和物品质量,要货比三家,购物节省的钱可以作为奖励,归孩子所有。这样,不仅让孩子了解物价,获得许多生活常识,还能让孩子在花钱中学会花钱,在购物中学会购物,并且也让孩子了解到家里的钱是怎么花出去的。明智的家长不会一味无条件地满足孩子的花钱要求,而是要让孩子理性消费,学会花钱。

6.要多让孩子有花钱的体验。孩子的消费行为是由被动逐步走向主动的,从小学低年级开始,我们家长就应该教会孩子买东西,如何用钱,如何选择物有所值的商品,并学会鉴别商品的好坏和真伪,体验购物的过程。特别是要让孩子体验花钱容易,挣钱不易。让孩子养成先认真思考再花钱的习惯,避免盲目消费。有些家长让孩子"一日当家",记收支账,这是培养孩子体验花钱、学会理财的好方法。

7.要让孩子养成储蓄的好习惯。小孩子可以拥有属于自己的"私房钱",这样有利于培养孩子经济上的独立性。孩子上小学以后,家长可以陪孩子到银行办理账户,指导孩子把零花钱存入银行,收获一定的利息,让孩子感受储蓄的好处,再引导孩子把零花钱用于家庭的建设和学费的支出,让孩子体验到一些责任感和自豪感。在一次次的存钱、用钱的过程中,让孩子从小懂得财务预算,懂得收入与消费的内在联系,培养孩子的理财技能。

8.要让孩子了解劳动与报酬的关系。在生活中家长要引导孩子做

一些力所能及的家务劳动，并付给孩子一笔额外的酬劳，这样会让孩子了解到劳动与报酬的关系，加深对劳动意义的认识，树立劳动光荣的观念。这样孩子才会崇拜劳动者，热爱劳动。要教育孩子不能够不劳而获，任何歪门邪道得来的钱都不能要，一定要靠诚实的劳动换取金钱。还要教育孩子不能私自拿家里的钱，更不能拿别人的钱。

　　总之，家长要教育孩子学会管好零花钱、用好零花钱，学会在花钱中体验钱的来之不易，养成勤俭节约的好习惯，知道劳而有所获的道理。还要让孩子理解家长、亲人给予零花钱的缘由，进而培养孩子的感恩情怀，愿意承担家庭成员的责任。

# 第七章 "双减"政策之下,如何构建家校共育

家庭和学校是孩子成长的两个重要育人环境,和谐的家校关系是促进孩子身心健康成长的重要因素。"双减"政策之下,家校关系有些微妙的变化,我们家长只有明确家校的责任边界,开展顺畅的家校沟通,才能构建起有效的家校共育。

所谓"家校共育",就是充分发挥好家庭、学校的教育作用,形成教育合力,共同把孩子培育好。当前教育正处于新时代,"家长好好学习,孩子天天向上""提升家长,成就孩子"等教育理念逐渐被家长认同,家长参与学校的管理的主观能动性增强,家委会、家长学校不仅成为推动学校发展的重要力量,也在一定程度上改变着我国传统的教育模式,为学校教育注入了新的活力。

在"双减"政策之下,教育更显复杂,更需要家校合作共育。老师和家长就像两支船桨,只有双方共同发力,才能让孩子朝着家长和老师期望的方向驶去,顺利到达成功的彼岸,拥有更好的人生。教育路上,家长和老师应该结伴而行。优秀的孩子,背后都是家长和老师在奋力托举。

在"双减"政策之下,家长在经济、精力上减负的同时,也需要转变观念,加强家庭教育的意识,加强与学校的联合,配合、支持老师的工作,多一分理解和宽容,少一分计较和指责,相互信任,共同做好家校共育。

"双减"后,我们需要怎样的家庭教育

本章与家长谈谈在"双减"政策之下,我们家长如何与老师构建有效的家校共育。首先,家校要协作落实好"双减"政策。其次,在家校共育的过程中,家长不仅要有责任感,还要明确家庭教育的责任边界,要明确孩子是我们家长的,不是老师的。再次,要想形成有效的家校共育,我们家长要学会与学校老师展开合作,要懂得维护好老师的威信,信任学校老师,掌握与学校老师沟通的技巧,维护孩子的权益要合情合理。

## 第一节 家校如何协作落实好"双减"

社会的复杂性,加上我们家长自身文化、职业、性格等因素的差异性,决定了家长对待知识文化、家庭教育的观念和行为,以及与学校老师打交道的态度各各不同,表现形式多样。

老师和家长为了共同的目的而走到一起来。从理论上讲,家校打交道情感趋同、目标一致,很容易构建起和谐的家校生态,但是在现实中家校打交道是非常复杂的,需要老师和家长共同认真经营。这是因为家校关系的本质是以教育孩子为主导的特殊的社会关系,老师、家长都基于自身的利益、责任、立场等围绕孩子的教育而发生关系。

在"双减"政策出台之前,沉重的作业负担和升学压力导致家校沟通出现了各种问题,影响了孩子的健康成长。我们的家庭教育也出现了内卷和鸡娃现象,还给家长带来了经济压力,为了孩子我们家长焦虑不安。

"双减"政策出台之后,学校作为育人主阵地,家庭作为学校同盟军,二者理应共同发力,成为落实"双减"政策的实践者。

目前学校教育的教学目标、教学环节、评价体系设计都要考虑到"双减"政策,那么我们的家庭教育在"双减"进程中,同样需要发挥应有的作用,着力推动"双减"政策的落实。也只有家校合作共育,才能让

"双减"政策落实到位，最终让教育回归正常，还原教育的本真。

家庭是校外教育的重要阵地，家长是学校教育的校外执行者。"双减"政策需要我们家长的积极参与才能落地生根，巩固成果。家长除了要支持和配合学校的教育工作，听从、消化学校老师的建议和指导之外，更应担起家庭教育的责任，扮演应有的角色，充分利用家庭资源共同为孩子营造一个和谐的成长空间，共同落实"双减"任务。

家长的情感、态度、价值观、教育观作用于孩子，家长所营造的家庭环境对孩子影响深远。我们家长要做好家庭教育，尊重孩子，发掘孩子的优点，多关注孩子的成长过程，成为孩子生命中的重要他人。一般说来，家长起码要做好两点：一是要配合学校做好孩子的学习监督工作，发挥家长的应有作用，避免家庭教育的缺位；二是要与学校一起，共同为孩子创造各种实践锻炼机会，发展孩子的综合素质。

家校共育的核心是双方合作，共同朝着"双减"政策的目标发力，共同为孩子的健康成长发力。那么，要想实现家校共育的无缝对接，考验的不仅仅是学校的意志力、执行力、指导力，同样也考验我们家长的认可度、配合度、支持度。

总之，在当前的教育大环境中，家校只有消解分歧，统一认识，密切分工合作，保持默契配合，"双减"政策才会得到真正落实，家校共育才会有好的起点。

## 第二节 明确家庭教育的责任边界

家庭和学校是孩子成长中的两个最重要环境，家长和老师是孩子成长中的两个重要他人。

家庭教育是基于责任、义务和生活的需要，学校教育是社会活动的一部分，依据国家的教育方针政策，体现国家意志。只有家校合作共育，孩子才能得到最好的教育。

如今，大多数家长对孩子的教育愈发重视，家校共育理念也不断普及，即便如此，还是有部分老师和家长对家校共育的理解不到位，家校共育过程中还存在着因培养目标、家校关系、责任意识等导致家校责任边界模糊不清而出现局部的问题，让家校共育停留于表面，难以实现预期效果，甚至产生矛盾和分歧。这既有学校老师的责任，也有我们家长缺位、越位、错位的责任。

家校共育出现的问题，一般表现在以下方面：

1.目标不一致。家庭教育从个性化需求出发，从孩子的未来幸福出发，希望孩子成绩优秀，上名校，读好大学，找到好工作，而学校教育则具有社会属性，培养目标着眼于社会接班人。家长的目标没有错，但家长要理解学校教育的特殊性，注意把个人目标与孩子的实际情况相结合，与学校教育相统一，厘清各自目标下的责任，不然只会给我们家长带来焦虑。

2.家校关系不协调。在社会转型的背景之下，学校一部分老师的职业观发生了改变，但还是有一部分老师仍然停留于传统的教育观念和方法上，同样，还有一部分家长虽然已不再尊崇师道尊严，但又以传统的思想把老师当蜡烛和春蚕。老师和家长认识的多元化，决定了家校关系的复杂化。双方总是按照自身的利益和需求来与对方打交道，这样就难免造成家校关系出现不协调。

3.家长的责任意识不强。老师希望家长把孩子的思想、习惯培养好，更多地承担指导孩子学习的责任，同样，有的家长也希望学校老师能够承担教育孩子的责任。少数家长把老师当成保姆，全天候管理自己的孩子，一有事就找老师。特别是出现安全等问题时，怪罪、抱怨、指责学校，希望学校承担责任，而缺乏对自己应承担责任的认识。

其实，教育是一个系统而是复杂的工程，随着孩子逐渐长大，他们所接触的人和事越来越复杂，在形成价值观和人生观的关键时期，家长和老师都不能缺位，也不能越位，而是要相互补位。家长要在与老师进行充分交流的基础之上逐渐明晰家校共育的边界，明确哪些事情是老师必须要做的,哪些事情是家长必须要做的,哪些事情是需要家校商量后共同完成的。

"双减"政策的出台将进一步推动家庭教育回归本真。孩子的作业负担减轻了并不意味着孩子接受教育的质量降低。恰好相反,孩子不能减努力、减勤奋,家长不能减责任、减态度、减陪伴、减配合学校。随着教育均衡化、区域化的发展,家校之间责任边界的厘清,更需要家校各司其职、分工合作。只有我们家长发生了改变,孩子才会改变。只有家长更胜任教育,积极支持、配合、参与学校教育,才能在孩子的教育上实现无缝对接。

那么,在"双减"政策之下,家长如何明确自身的责任边界呢?

1. 家长要与老师达成教育的一致性。家长要改变传统观念,克服把孩子当成自己私有财产的心理,认识到孩子是国家未来的接班人。教育孩子是家长应有的责任,培养孩子是家长一生的事业。家长要通过与学校老师不断沟通和磨合来消解误会,尽可能让家校教育的目标、理念、行为达成一致,即便有异议,也应该求同存异。

2. 家长要承担起家庭教育的责任。由于家校之间的责任边界往往是弹性的,就家长的角度而言,应当结合自身和孩子的情况,最大化地尽好自己的分内之责。要把老师当作教育路上的盟友,寻求老师的指导和帮助,但绝不把属于自己的责任推卸给老师,自己的责任自己承担。家长应该参与孩子成长的全过程,不能缺位。学校是家校合作的主角,家长要学会配合。

3. 家长要主动与老师交流沟通。家长要思考家庭教育和学校教育的差别到底体现在什么地方,多与老师沟通,寻求科学教育的专业知识和家庭教育的专业化指导,弥补自己依据个体经验或者沿袭长辈教养方式的不足。还要向学校老师咨询有关的教育规定、法规、政策。当然,对于老师的越界和缺位行为家长要与老师沟通,必要时要敢于说"不"。

4. 家长要发挥家庭教育的特殊优势。家庭教育与学校教育之间的

边界主要体现在教育空间、教育时间、教育内容、教育职能等方面,家庭教育是在家庭生活中建立起来的一种教育形式,没有固定的时间和场所限制,家长要充分发挥灵活性、机动性。应利用好与孩子的特殊关系,在培养孩子良好的道德品质、情感态度及健康的生活习惯等方面发挥作用。只有这样,才能让孩子全面发展,拥有一个成功而又幸福的人生。

5.家长要学会尊重学校的老师。家长不仅要明确家校的责任边界并尽到责任,家校之间还应该互相尊重。如果家长不懂得尊重老师,孩子也会不尊敬老师。孩子就会生出轻慢之心,对老师教育教学的内容不会认真对待。有的家长当着孩子的面说老师坏话,殊不知逞了口舌之快,却可能输掉孩子的未来。为了孩子的未来,尊师重教,应从我们家长做起。

至于家庭教育中家长应有的责任担当,在"双减"政策落地后,国家又出台了《中华人民共和国家庭教育促进法》,进一步细化了家庭责任。其中,第二章明确提出:

1.树立家长的责任意识。"树立家庭是第一个课堂、家长是第一任老师的责任意识,承担对未成年人实施家庭教育的主体责任,用正确思想、方法和行为教育未成年人养成良好思想、品行和习惯。"

2.营造良好的家庭环境。"应当注重家庭建设,培育积极健康的家庭文化,树立和传承优良家风,弘扬中华民族家庭美德,共同构建文明、和睦的家庭关系,为未成年人健康成长营造良好的家庭环境。"

3.积极开展家庭教育。"家长应当针对不同年龄段未成年人的身心发展特点,开展家庭教育。包括培养孩子的家国情怀、良好社会公德、家庭美德、个人品德法治意识、广泛兴趣爱好、健康审美追求、良好学习习惯等,让孩子养成良好生活习惯和行为习惯,促进其身心健康发展,以及开展好生命教育和劳动教育。"

4.合理运用家庭教育方式方法。"亲自养育,加强亲子陪伴;共同参与,发挥父母双方的作用;相机而教,寓教于日常生活之中;潜移默化,言传与身教相结合;严慈相济,关心爱护与严格要求并重;尊重差异,根据年龄和个性特点进行科学引导;平等交流,予以尊重、理解和鼓励;相互促进,父母与子女共同成长;其他有益于未成年人全面发展、健康成长的方式方法。"

5.具有正确的家庭教育行为。"应当树立正确的家庭教育理念,自觉学习家庭教育知识。"积极参加公益性家庭教育指导和实践活动,共同促进未成年人健康成长。"合理安排未成年人学习、休息、娱乐和体育锻炼的时间,避免加重未成年人学习负担,预防未成年人沉迷网络。""不得因性别、身体状况、智力等歧视未成年人,不得实施家庭暴力,不得胁迫、引诱、教唆、纵容、利用未成年人从事违反法律法规和社会公德的活动。"

总之,孩子的健康成长,单靠学校是不够的,必须汇聚家庭、学校和社会各方面的力量。家长应当明确自身的责任边界,努力做好家庭教育,积极与老师保持密切沟通,掌握孩子在校学习和表现的情况,支持学校工作,配合学校做好孩子成长教育。

## 第三节 孩子是我们家长的,不是老师的

家长不要认为孩子送到学校就把一切都交给老师了,自己只要给孩子吃好、穿好、住好就行,至于教育,那是学校老师的事。

事实上,孩子的教育不是简单地获得知识,还需要培养孩子许多方面的素质。家庭是特殊的教育环境,家长与孩子的亲情关系、经济关系、血缘关系决定了家庭教育的不可替代性。

但在现实中,我们有的家长对家庭教育的意义和作用认识不够,家校共育开展不好,常有以下现象出现:

1.把孩子"打包"给学校。有家长把对孩子的教育责任推给学校老师,把照看孩子的成长过程打包给学校。这些家长,要么对孩子的学

习、生活很少过问,做起了"隐形家长",要么有事就怪罪学校。

2. 用孩子的成绩评价学校。有家长只看重孩子的学习成绩,并把孩子的学习成绩看成学校的事,与班主任和科任老师有关,孩子的学习成绩的好坏或者升降是他们评价学校的唯一标准。

3. 寄希望于学校的管理。有家长自己管不住孩子,遇到事情希望靠学校老师来管理。比如,孩子打游戏,自己不管,只给孩子讲:"告诉你老师!"或者给老师讲:"孩子只听老师的!"

有位老师遇到的家长,就比较典型。家长玩起了"隐藏",不仅平常很少与老师联系沟通,就是毕业填志愿这样的大事情,也想让老师代劳,自从孩子到校,小林家长都没露过面。

开家长会,要么是姨妈姨爹,要么是姑妈姑爹,总不见亲妈亲爹。

有一次,小林上课玩手机,被老师收缴了,要家长到学校领取。小林的家长第一次主动打电话给老师说:"我出差在外,来不到,我喊他姨妈来。"

初三下,要填写志愿等表格,要求学生的监护人到校填写,其他同学来的是亲爹亲妈,唯独小林家长想让老师帮助代填,老师向家长讲明道理后,结果来的是小林的姑爹。

老师面对前来填表的小林的姑爹,问:"小林父母工作很忙吧?"小林姑爹苦笑地说:"忙啥哟,两口子下班后就知道打麻将。"

显然,小林的家长没有尽到家长的责任,真的太不把自己当家长了。

其实,孩子的成长离不开学校教育和家庭教育,离不开学校老师和家长的教育。对于学校老师来说,"铁打的学校,流水的学生",老师的工作全凭良心和职业道德。作为家长,要意识到孩子是我们自己的,不是老师的,自己不仅是孩子的第一任老师,还是终身的老师,教育孩子是我们家长一生的事业。每一个家长都要建立家庭至上的理念,重视与孩子在一起的时光,关心孩子的成长过程。

现在一般家庭有一两个孩子,除了需要家长尽心照料、言传身教,满足孩子的物质需要,给予呵护和陪伴之外,还要切实发挥家校共育作用,不能将教育责任简单地推给学校和老师。只有既重视家庭教育,又开展好家校共育,才能给孩子提供一片健康成长的蔚蓝天空。

在"双减"政策之下,家庭教育的意义和作用更加凸显出来,那么,家长如何承担起对孩子的教育义务和责任呢?

1.家长要有孩子是我们自己的而不是老师的意识。家长要充分认识到孩子不是老师的,也不完全是社会的,而是我们自己的。关爱、教育孩子是每位家长的义务和责任,不用老师请求,家长就应自觉担起对孩子的教育责任,自觉地配合学校的工作,主动向老师咨询、请教。

家长不要认为把孩子送进学校,教育就应该是学校的事情,对孩子生活习惯、道德品质、为人做事也不管不顾。家长不要借口自己工作忙,身心憔悴,心力不足,而无暇顾及孩子的学习,忽视了孩子的身心成长。

2.家长要把家庭当成培养孩子个性的"加工厂"。对于孩子人格的形成和发展来说,家庭教育具有重要的意义和深远的影响。社会和时代的要求几乎都是通过家庭教育在孩子心灵上打下深深的烙印的。学校教育固然十分重要,家庭教育对于培养孩子的个性也是必不可少的。

家长和孩子的亲情关系、经济关系决定了家长在家庭中的权威性,这种权威是具有强大教育力量的。家长和孩子的血缘关系决定了家长在孩子的身心发展中起着特殊的作用。所以,家长在日常生活中要起表率作用,使家庭教育真正成为学校教育的有效补充。

3.家长要把对孩子的教育当作自己一生的事业。家长务必要清醒地认识家庭教育和学校教育各自的特点,把握好自己在孩子成长中的教育角色,担起自己应该承担的教育义务和责任。对于老师来说,教书是一份职业,好的差的学生都不过各是班级里的一部分,无论是与家长打交道还是与孩子相处,一般是三年,顶多六年。

然而,对于我们家长来讲,孩子伴随我们一辈子,是我们一生的牵挂。孩子是我们至亲至爱的人,一个家庭里孩子也不多,值得我们倍加

珍惜,竭力培养,把孩子教育成功了,是我们一生最重要的成功。所以,我们要满怀爱心地认真抚养和教育孩子。

总之,家长一定要清醒地认识到,孩子是我们自己的,学校老师仅仅是我们培养孩子的合作伙伴。遇上好的老师是孩子的运气,但只管一时,遇不上好老师也只是一时,遇上好的家长才是孩子一生的好运。

## 第四节 学会与学校老师开展合作

教育太难,有时候遇到的教育问题程度复杂,单靠学校老师,或者单靠家长都难以保证孩子健康地成长和圆满地完成好学业,需要家校合作。

家校合作,顾名思义就是学校教育、家庭教育在共同的教育目标下相互参与、相互配合、相互补充、相互促进,形成一个有机的教育整体,构建系统的教育机制。家校合作对孩子的健康成长意义重大。著名的教育家苏霍姆林斯基说过:"只有学校教育而没有家庭教育,或者只有家庭教育而没有学校教育,都不能完成培养人这一极其艰巨而复杂的任务。"

学校教育和家庭教育虽然育人目标一致,但教育过程有着很大的差异。只有家长和老师两者合作共育,相辅相成,互为补充,才会收到相得益彰的教育效果。

学校教育是有目的、有计划、有系统的,偏重于知识,偏重于理性。老师的主要职责是教书育人。既教好书,又育好人,这是老师的使命,也是老师的责任。然而,再优秀、再负责的老师也没有三头六臂,他们总有力所不能及的时候。很多事情老师教不了,需要家长配合教或家长自己教。

家庭教育则偏重于生活,偏重于感性,是对孩子人格修养、习惯养成等进行生活化的教育,是自发的、零星的、无时无刻不在的教育。家庭教育往往是长久的,会潜移默化地起到教育的作用。家长在注重孩子品行、习惯的教育的同时,也需要配合老师做好文化知识的学习和支持学校开展各种活动。

要想教育好孩子,必须老师和家长相互配合,各自承担起自己的教育责任。成就一个优秀的孩子,是家校共同的目标。成就一个好孩子,是老师和家长共同努力的结果。没有完美的老师,也没有完美的家长,为了孩子家校都要努力。在教育孩子的路上,家长一定要与老师携手努力!

在"双减"政策之下,家长和学校老师比任何时代都更需要相互支持、沟通合作。无论是家校的教育理念还是教育行为,都需要双方在合作中协调统一、补充完善。家长和老师作为孩子成才道路上最重要的人,一定要并肩前行。也只有这样,才能让孩子获得成长的动力,让孩子走稳成长的每一步。

那么,家长如何与学校展开合作呢?

首先,家长要认识到家校合作对孩子的成长意义重大。孩子成长的主要场所就是家庭和学校,密切家校联系,构建和谐的家校关系,展开友好的合作,是促进孩子身心健康成长的关键。

1.家校合作让孩子快乐幸福、健康成长。有了家校合作,孩子可以充分享受来自家长和老师的关怀,能够容易地构建起良好的师生关系,从而让孩子在成长中感受到幸福快乐。

2.家校合作助力孩子养成良好习惯。培养孩子良好的行为习惯是一项复杂的系统工程,需要家校连续不断地、数年如一日地努力。只有家校合作才会有老师、家长共同发力,一致开展习惯养成教育。

3.家校合作能确保家校信息交流。通过家校合作,家长可以了解孩子在学校中的表现、作业、上课情况,与同学的关系如何,学校是怎样开展教育工作的。这样,才能让家长对孩子的情况有全面的了解,做到心中有数。

4.家校合作能够优化教育的环境。如果家校开展良好的合作,学校

老师就会真诚地帮助家长,并提出家庭教育的指导意见,同样,家长也会支持、配合老师的工作,友好地给老师提建议,理解、宽容老师工作中的失误。

其次,家长要做好分内的事,尽职尽责,为家校合作做准备,并积极主动地开展家校合作。也只有这样,家长才能获得老师的信任,换来老师真诚的合作。

1.家长要先了解学校对孩子的要求。只有了解了学校对孩子的各种要求,才能更好地与学校展开合作,引导、督促孩子达到学校的要求。

2.家长要真正了解自己的孩子。家长要通过与孩子谈话,了解孩子的思想情感;也可以向孩子的同学、老师了解情况,这样才便于进行有针对性的教育。

3.家长要注意维护老师的威信。家长应该正确评价老师,维护老师的尊严,引导孩子看到老师的优点,让老师在孩子心中留下美好的印象。

4.家长要培养孩子的集体荣誉感。家长应积极地支持学校的教育活动,教育孩子时时处处要为班集体着想,为学校着想,为班级、学校争取荣誉。

5.家长要培养孩子良好的学习习惯。自觉性强的孩子,要边扶边放;自觉性差的孩子,要多督促检查;安静的孩子,要观察;好动的孩子,要跟紧。

6.家长要架好家校沟通的桥梁。家长要和老师多交流沟通,和老师讨论孩子的教育问题,虚心听取老师对家庭教育的意见和要求。

7.家长要加强家庭安全教育。孩子的安全关系到家庭的幸福。为确保孩子的安全,家长要多留意孩子的表现、言行。孩子的身体有什么特殊情况,要及时告诉老师。平常要对孩子进行交通、饮食等方面的安全教育。

总之,家长要充分认识到,孩子的老师是我们育人的合作伙伴,要学会与老师打交道。也只有真诚合作,才能让家庭与学校走得更近,信息更畅通，关系更融洽。这样，才能使家长与老师的教育目标和要求保持一致，使教育更具有时效性、针对性。家长和老师合作得越好，孩子就越容易成功。

## 第五节　懂得维护好老师的威信

威信，指威望与信誉。老师作为管理者和教育者如果在孩子心中没有了威望与信誉，那么孩子对老师的管理将是抵触的、反感的，老师的说服教育信号就会被孩子"屏蔽"。孩子只有亲其师，才会信其道。

家长与老师打交道的时候，老师难免有让我们家长不满意的地方，有与家长认识不一致的时候。这些不能成为我们不尊重老师的理由，学会睿智地维护好老师的威信是每个家长的责任。

在现实中，我们大多数家长也是这样做的，但也有少数家长对这个问题认识不足，做得有些欠妥，表现在：

1. 抓住老师的一点过失，就在孩子面前不断地念叨、抱怨、责备老师，把老师的过失放大，贬低老师的形象。

2. 不够尊重老师，开家长会时玩手机，开完家长会回到家里在孩子面前说老师的废话太多，或者质疑老师的上课。

3. 总拿自己与学校老师比较，总想在孩子面前通过贬低老师来树立自己的威信，总喜欢说老师哪些方面不如自己。

4. 遇事偏袒孩子，听孩子的说法，成为孩子的靠山，为满足孩子的要求，按着孩子的情绪和要求与老师横扯、吵闹。

5. 以貌取人，要么认为老师太年轻，要么认为老师老气横秋，或者才与老师见一面就开始在孩子面前推测老师的工作能力和性格。

如果老师的威信树立不起来，又想要孩子接受老师的教育、教学，按照老师的要求做，这显然是不可能的事。只有当老师有威信时，孩子才可能有意识地去模仿老师,老师的教育教学才能让孩子接受。

同学举报班里有位叫莎莎的女生考英语的时候把旁边同学的卷子拿过来抄,监考老师没有看到。

当班主任询问莎莎时,她满脸疑惑地说:"没……没有,啥子事哟?"班主任进一步提示说:"考场上的事。"莎莎脸上闪过一丝惊慌,声音变得低沉,说:"考场上没有啥子事呀!不会是我向旁边的同学借修正液的事吧?"

班主任反复提示和教育,莎莎就是不承认,觉得自己委屈。班主任只好让她回家想想。

当晚,九点多钟,班主任接到莎莎爸爸的电话,责备班主任冤枉了莎莎。班主任耐心地解释,但莎莎爸反驳说:"你说得轻巧,你家孩子被人这样问来问去,你怎么想?"

班主任觉得与家长说不清楚,就说找莎莎接电话。可莎莎爸不耐烦地说:"她不想接,只想跳楼、上吊。"

…………

最后,班主任只好去学校,与值班的领导一起查看监控。监控清晰地显示出了莎莎作弊的全过程。

班主任打电话向莎莎爸陈述了监控里的情况,并希望家长正确对待孩子的错误。莎莎爸这才表示要莎莎第二天给班主任道歉。

很明显,莎莎爸对待老师的态度既不利于家校合作,也让老师在孩子面前没有威信。有其父,必有其女。孩子是我们家长的镜子,照出了我们家长的素质和家庭教育的状况。孩子出现问题不可怕,可怕的是导致孩子变成这样的背后干扰源。

家长当着孩子的面对老师的教育进行否定,其实这是家长对孩子的心理暗示,这样会降低老师在孩子心里的威信,会让孩子很难形成对老师的正确评价,伴随而来的是老师的教育功能失效,或者得不到充分发挥。

家长一定要清楚,老师的威信是孩子接受、认可老师教育的必要条件。如果不尊重老师,藐视老师,这对孩子所起的消极影响是很难预测的。况且,这样不但助长孩子对老师的逆反,还可能带来孩子对我们家长的逆反。因为老师和家长都是教育者,在对孩子的教育上具有共性。这样,其实是跟我们家长自己过不去,增加家庭教育的难度。

"双减"减的是孩子的负担,不能减家校合作,不能减对老师的尊重;相反,只有维护好老师的威信,孩子才能获得更好的教育。

因此,为了让孩子能更好地接受学校老师的教育,家长应该注意在孩子面前维护老师的威信,构建良好的家校合作关系,有意见、有分歧要通过沟通来达成共识。

那么,家长该怎样维护老师的威信呢?

1.要教育孩子听老师的话。要让孩子知道老师和家长一样,都希望自己的学生有出息、能获得幸福。老师不仅有知识,还有教育的思想和方法。听老师的话不仅能获得知识,还会树立学习的目标、明确努力的方向、知晓自己的不足,这样才会少走学习、生活的弯路。

2.要尽量配合老师的工作。家长要尽量配合老师,不当着孩子的面质疑、抱怨老师的要求。对老师的工作有什么意见,可以委婉地跟老师沟通。不要过度地要求老师帮助自家的孩子,因为老师面对的是集体,有几十个孩子和几十个家长。

3.要避免在孩子面前说老师的坏话。即使家长对老师的教育行为有再强烈的不满,也不要让孩子知道。孩子能够遇到一个好老师是幸运的事,遇不上,在孩子面前说现在老师的坏话也于事无补,只能让家校关系更糟,让孩子更不愿意接受老师的教育。

4.要懂得兼听则明的道理。家长对孩子反映的问题要了解清楚,不要偏听偏信。孩子的理解力和判断力是有限的,对老师的教育或许存在认知上的偏差。有的孩子出于自我保护,或者害怕受到家长的责罚,而推脱责任,寻找借口,避重就轻。家长要学会多与老师沟通,了解孩子在学校的情况。

总之,家长要清楚家校共育的重要基础是家校关系,而要想有良好

的家校关系就要维护好老师的威信,在孩子面前做好尊师重教的示范。

## 第六节 信任是家校共育的前提

　　信任是对他人知识、能力和善意的假设,认为对方是亲近自己的,不会伤害自己的利益。信任存在于不确定的环境中,是人与人之间,或者个人与组织之间通过积极预测对方的行为,依赖对方,相信对方会按照约定行动的信念。信任是家校共育的前提。

　　我们绝大多数家长还是很信任学校和老师的,但是,在功利化的社会背景下,家校关系受到侵蚀,使得理应纯粹、真挚的家校关系和师生关系蒙上了尘埃。在一些学校、班级,家校不信任的故事时常发生。主要表现在:

　　1.家长不了解老师工作的复杂性与困难性。影响孩子成长的教育因素是复杂的,许多影响教育的因素来自家庭和社会,是老师难以控制的。每当孩子的学习成绩不好,或者孩子表现不好、出现问题时,有的家长就会产生不满情绪,责怪老师没有教好书,没有尽到教育的职责。

　　2.家长不相信老师而只相信自家的孩子。家长信任孩子是对的,但不信任老师就不对了。有的家长不问青红皂白,责难老师;不管是非曲直,对孩子言听计从,让学校老师,特别是班主任的教育行为得不到很好的执行。这样不相信老师而只相信自家孩子,不仅家校关系会受到严重影响,还可能会出现老师对该孩子不敢管、不愿管、不去管。

　　3.家长认为孩子的教育就是文化学习。有少数家长只对孩子做作业和上辅导班感兴趣,或者认为自己的责任就是让孩子上各种辅导班,而对孩子的学习习惯、思想品德、情感状态、生活技能等重视不够。如果学校老师提出素质教育或者开展活动育人时,就质疑老师的观点,不支持配合相关的活动,比如,研学活动、劳动教育活动、社区服务等。

　　4.家长质疑学校老师的教育教学水平。有的家长学识水平较高,或有丰富的社会经验，或事业有成，于是，也把自己当作了教育的行家，对老师的教育教学方法有自己的看法，在和老师的交流沟通中比较强势，居高临下。他们不理解学校教育是集体教育，要遵从国家教育方针，与家庭个性化的教育是不同的。

在"双减"政策之下，我们家长要认识并正视家校不信任这一问题，要力求改变这种现象。家长和老师作为最直接的教育当事人，无疑对教育孩子负有最直接的责任，任何回避、抱怨都不利于家校共育。只有家校双方相互信任，共育才能走上正途。

有天上午班主任王老师正在办公室备课，学生小峰的爸妈走进办公室，一脸的不高兴。王老师向两位家长问好，两位家长也不搭理。

小峰爸开门见山地质问王老师："你怎么无缘无故就收了小峰的手机？"王老师愣了一下，才记起昨天下午的事，说道："怎么会是无缘无故呢？"

于是，王老师把昨天的事情对家长做了介绍。

听完王老师的讲述，小峰妈说："小峰说他确实没有打游戏，仅仅是看时间。"王老师平静地说："你们想想，老师没有看清楚，怎么会拿走他的手机。收走的手机不是不还，只是要达到班规规定的条件后再还给他。这段时间手机就保管在我这里，其实对我来说还是一个负担。如果丢失了我还要照价赔偿新手机。"王老师看着两位家长，接着又说："他昨天离开时也说是想看看时间，你们信吗？……"王老师一口气说完，两位家长好像开始动摇了，脸色也好了一些，对王老师也有了几成的信任。

旁边的科任老师也插嘴说："王老师也是为娃儿好，也是为了管理好班级。"

小峰爸语气平和地说："老师，我们大人还是相信老师的，但娃儿觉得很委屈。我们今天来就是问问情况，没别的意思。"

王老师喊出小峰，经过面对面教育，小峰承认了自己的错误。

离开时，小峰爸爸握着王老师的手表达了歉意，并支持王老师保管

## "双减"后，我们需要怎样的家庭教育

小峰的手机。

王老师收缴小峰手机后，小峰家长起初偏听孩子的一面之词，相信自家孩子的话，后来通过家校沟通，小峰家长与老师重新建立起了信任关系。

家校信任与家校沟通、合作相辅相成、互为因果。信任是沟通合作的前提条件，良好的沟通合作又反过来促进信任。信任既是家校双方打交道的基础，也是家校打交道的结果。

"双减"政策出台后，面对教育的调整改革，学校布置作业开始层次化、个性化，出现了学科类作业和非学科类作业的安排等问题。这样，家校沟通就比较频繁，家校之间的信任就尤为重要。

那么，在"双减"政策的背景之下，就家长而言，如何构建家校信任关系呢？

1.家长要重视与老师建立信任关系。试想，如果合作的一方总是以不信任的态度和口吻对待另一方，那这种合作一定是虚假的。只有建立起平等的对话关系，发自内心地信任对方、支持对方，在此基础上的家校合作才有可能达到预期的效果。家长和老师要加强交流与沟通，相互了解，建立信任。出现信任危机时，家校双方要做到相互理解与体谅。

2.家长应了解和理解老师工作的复杂性。面对新时代，老师的教育教学任务繁重，日常工作也十分烦琐。老师不是神，不可能做到面面俱到。这就要求我们家长要学会换位思考，彼此理解、宽容，相信绝大多数老师的职业道德和专业素养。在彼此信任的基础上，家校合作才可能步入正轨，遇事才会好好商量。智慧的家长对出现的教育问题往往是要经过思考和判断之后才做出积极的反馈。

3.家长要学会与学校老师多交流沟通。家长对待当下中国的教育体制和学校老师的教育方式与方法，有自己的想法值得肯定。但是，我们家长提出的建议和做法不一定是正确的，也不一定适合我们的孩子。如果信任老师，积极与老师交流沟通，让我们教育的眼界更开阔一些，

对教育的理解更全面、深刻一些，那么对我们的家庭教育才会起到最有效的帮助。毕竟老师是经过专业训练的，掌握的教育理念要科学一些，教育实践经验要丰富一些。

总之，基于我们家长与老师共同的愿景、彼此的责任，我们家长要信任老师，只有家校构建起良好的信任关系，才能建构和谐的家校教育共同体，才能给孩子提供一个温暖适宜的成长环境。

## 第七节　与老师沟通要讲究技巧

许多家长意识到了家校沟通的意义，常常主动给学校老师打电话、发微信或者前往学校与老师面对面地交流沟通，了解孩子的学习成绩和表现情况，这是负责任的家长。不过，无论采用哪种沟通方式，沟通的技巧都很重要。

九月的天气还很闷热，冯老师刚接初一新生，要收费、发书、讲话等，忙得不得了，让冯老师已有些疲惫，教室里虽然开着空调，但冯老师还是汗流浃背。直到十点多钟才轻松下来，冯老师才喊孩子自由休息十分钟，而自己也走出教室回到办公室。

这时，一位自称小宇家长的人笑盈盈地走过来，对冯老师说："老师辛苦了，忙碌了这么久，肯定很累吧！"

冯老师听到这话，心里凉爽多了。面带微笑问："你是哪个的家长呢？""我是小宇的家长，您休息，等哪天您有空了，我再来找您摆龙门阵。"

这是新初一冯老师正式认识的第一位家长。

开学一个多月后的一个晚上，七点多钟，冯老师接到小宇妈的电话，寒暄过后，小宇妈客气地说："冯老师，我们家小宇，在小学的时候，做作业总爱拖拉，我想这种毛病可能现在也存在，老师您是否发现孩子有这样的现象呢？"

## "双减"后，我们需要怎样的家庭教育

冯老师用平和的语气说："他做作业是有些慢！"这时，小宇妈恳切地说："老师，我现在不清楚如何引导孩子不拖拉磨蹭，改掉粗心大意的坏习惯，您能给我一些建议吗？"

于是，冯老师给了小宇妈三点建议。

第二天，冯老师也找小宇问了一些情况，谈了心，提出了要求。

过后，小宇妈每天都在小宇的各科作业本上签写作业时间，每个月小宇妈还把小宇在家的表现和作业情况通过微信告知冯老师，冯老师都做了积极的回应。

这样，在家校的共同努力之下，小宇学会了管控自己的作业时间。

小宇家长因为懂得沟通艺术，所以在家校共育上获得了成功。

但在现实中，有的家长感到与老师交流很困难，或者老师的回答难让自己满意。这固然有老师的原因，其实也跟我们家长与老师沟通的时机、方式、说话技巧有关。

如果我们家长不考虑老师的作息时间，只管自己方便，选择不当的时间，比如，中午午休时间给老师打电话、发微信，或者到学校找老师沟通，这个时间与老师沟通交流，有些老师要午休，也许就会出现沟通不够深入，老师敷衍了事的情况。

如果我们家长与老师就教育孩子，或者对发生在孩子身上的某件事有教育理念、方法的分歧，说话不注意分寸，以抱怨的情绪、命令的口吻跟老师沟通，这样往往得不到老师的帮助，或者不利于问题的解决，还可能搞僵家校关系。

如果我们家长在家校沟通中总爱强调自己的能干和事业有成，总是强化自己有钱和有社会关系，对老师用一种居高临下的语气和态度，那样将会引起老师的反感，造成家校沟通不畅，不利于构建和谐的家校关系，也就不可能产生良好的家校合作共育。

如果孩子遇到事情，在家校沟通中我们家长极力为孩子开脱，或者为孩子的错误找理由和借口，甚至为孩子的事打掩护和帮助撒谎，一旦被老师发现，往后家校沟通时，老师就会不相信家长的话，家校就无法

真诚地沟通,孩子或家长遇到的困难就无法得到老师的全力帮助。

如果孩子的学习成绩优秀,在与老师的沟通中家长不但没有对老师的辛苦付出表达感谢,反而是夸耀自己孩子的优点和听话,或者不断地把"成绩"往自己身上揽,这样会让老师心里不舒服、不满意,家校沟通时得不到老师诚心的建议,或者可能导致老师自觉不自觉地放松对孩子的关注,这样不利于孩子长远的和全面的发展。

"双减"政策出台后,家长从铺天盖地的新闻媒体中多多少少知道了一些"双减"政策的内容。家庭作业变少了,不去校外辅导班了,让教育回归到校园,学校老师多了课后延时辅导作业课。如果家校沟通不畅,孩子就会钻空子,家长一问作业,孩子就说在学校完成了,这样可能出现减少作业后的多余时间用于耍手机、看电视、睡懒觉等。

在"双减"政策之下,家校沟通是必需的。要做到有效沟通,我们家长要学习和掌握家校沟通技巧,尽可能避免不愉快的事情在我们身上发生。

那么,我们家长要了解和掌握哪些沟通技巧呢?

1.家长要认真扮演家校沟通的角色。孩子学习生活的环境主要是家庭和学校,由于家庭环境的特殊性,孩子更能充分地表现出本来属性,暴露出自身的问题。我们家长要多观察,发现的一些问题应及时与老师沟通,形成家校教育的合力。

如果家里出现特殊情况也要告知老师,让老师观察孩子的情绪变化,帮助引导。孩子如果身体有特殊的状况也要告知老师,让老师在某些教育活动中给予孩子一定的关照。

2.家长要选择最佳的沟通时机。许多家长喜欢选择开家长会前、后抓紧机会与老师沟通。站在家长的角度,这样安排时间是合理的,但不一定是好时机。因为开会之前老师要准备开会的内容,不会有充足的时间与家长接触。家长会后,需要沟通的家长多,这时的沟通就不一定全面。

如果没有急事情,最好不要选择老师的午休时间、早自习时间与老

师沟通。如果老师正在开会或有其他紧急的事要处理,也最好不要打扰。一般来说,家长可以问问孩子某某老师哪些时间空闲,或者提前与老师预约时间。当然,如果有重要事情,家长应及时与老师沟通。

3.家长要根据情况选择沟通方式。我们家长可以充分利用家校联系本、微信、电话等方式,就家长在平时遇到的教育问题、孩子近段时间完成作业的情况、完成作业所用的时间和认真程度等问题与老师沟通。

如果孩子的问题较多或者很复杂,最好是家校面谈,这样与老师零距离的沟通让老师对孩子在家里的表现有更深入的了解,而我们家长也可以从老师那里知道孩子在学校的表现,这样双方更容易达成共识,商量解决问题的办法。

4.家长与老师沟通要求同存异。家长和老师在教育孩子时出现分歧,或者出现家长对老师处理某件事不太满意的情况是可能的,对此,我们家长要理性和明智,可以提出自己的建议和意见,但不要命令老师怎么做,不要表现出很不满意的情绪。

如果家校之间始终无法达成共识,家长要求同存异,不要与老师争输赢。我们做家长的,如果不懂得与老师良好沟通,那么孩子很可能失掉许多求取进步或者改变自己的好机会。当然,如果老师在处理问题或者在工作、生活中有违反师德师风、职业道德的问题,我们家长要敢于向有关部门反映。

5.家长与老师沟通时要尊重老师。家长与老师面对面沟通时应该将自己的手机关闭或静音。因为这段时间是属于为孩子服务,我们家长应该全心全意地与老师沟通,而不被干扰。如果沟通时手机铃声不断响起,不断离开或接打电话,既不尊重老师,也可能分散老师的注意力。

当然,老师也是人,老师也会有教育和评价的失误。家长可以结合孩子的实际情况进行分析,并含蓄地让老师意识到自己的错误。如果老师的言辞有令家长不满意的地方,家长要多一些理解与包容。家长要尽量避免与老师翻脸、起冲突。

总之,在"双减"政策之下,家庭教育更是家长素质和孩子能力的双重比拼。在教育孩子成长的过程中,我们家长离不开学校老师的帮助。在与老师打交道时,我们应当做一个遵循沟通规律、掌握沟通技巧的好家长。

## 第八节　维护孩子的权益要合情合理

维权是指维护个人或群体的合法权益。随着我们家长素质的提高,对学校老师损害我们孩子的权益进行的维权行为是构建文明社会的好事,有利于孩子的健康成长。

但是,面对学校老师教育和管理的复杂性,我们家长的维权应当理性,不要动不动就提出维权或者拿维权来威胁老师。教育本身需要因材施教,教育的方式与方法弹性较大,我们家长不要因为自家孩子的问题而对学校老师正常的教育措施提出维权,这样会伤害老师的情感,让老师不敢大胆教育。

在现实中家校关系总体上是和谐的,但也有少数家校关系比较紧张。表现在:

1.有的家长认为只要对孩子有利,维权不怕过度。他们一旦抓住老师的把柄,就找学校理论,或到上级管理部门投诉,或向媒体曝光。

2.有的家长夸大老师对孩子教育中的惩罚行为。他们把老师正常的惩戒教育也说成体罚,要维权,甚至要求学校老师进行经济、精神赔偿。

3.有的家长认为老师无权收缴孩子的物品。他们认为老师暂时收缴孩子物品的行为是损害了孩子的合法权利,要求老师无条件归还。

一天,物理老师拿了一部手机给年级组长,说:"她居然把手机拿出来,直接搜题找答案。我拿给你,你处理。"年级组长听完,把目光移往物理老师身旁的女生。

年级组长问小彭:"是这样的吗?"小彭点点头。

物理老师教育了她一会儿,离开了办公室。

年级组长和悦地说:"根据年级规定,你的手机要在我这儿存放一周的时间,在这一周时间里,你要书写一篇'没有手机的日子'的作文,就手机被收缴后生活的不方便,表达自己的真情实感。"

第二天,放学后,小彭再来年级组长办公室,说:"我来拿手机。"年级组长伸出手,说:"作文呢?"她不好意思地说:"没有写。"年级组长笑笑说:"那怎么能拿呢!"

小彭慢吞吞地说:"我爸说,手机属于贵重物品,是私有财产,学校没权利收取管理。"年级组长疑惑地问:"是你爸说的吗?"

"你问嘛。"小彭认真地说。

年级组长想了想说:"喊你爸爸来拿嘛!"

第三天,上午十点半,小彭爸来到办公室。他直接问年级组长:"娃儿说手机被收缴了,是怎么一回事?"年级组长把收缴手机的前因后果向小彭爸做了介绍。

小彭爸听完,自我介绍说:"我是执法的,我晓得学校不是执法者,是不能收缴贵重物品的,娃儿的苹果手机价值六千多,是不能随便就收缴的。"年级组长解释说:"家长,不是收缴,只是暂时保管。这是初一进校时年级就规定好了的。"

"年级规定算啥,还大过于国家法律吗?"小彭爸反问道。

年级组长无奈地看着小彭爸,时间凝固。

年级组长还是从抽屉里拿出手机放在桌边上,说:"既然是这样,那你就把手机拿走吧!"

手机由小彭爸拿回家保管了。

几天后,年级组长听小彭的班主任说,看见小彭使用的是她那灰白色的苹果手机,但没有过问,装作没有看见。

小彭家长虽然懂法,但他把维权扩大化了,他把学校正常的教育措施当作损害了孩子的权益,要维权。他其实维护的是自己和孩子的情绪,是在迁就、纵容孩子,白白地失去了一次家校合作共育孩子的机会。小彭在这次维权中没有接受教育,没有认识到自己的错误,这对她的成长绝不是好事。小彭家长的维权提醒我们家长:维护自己正当的权益是值得提倡的,但不要让维权影响或冲击学校的正常教育,不要因维权而让老师不敢也不愿教育我们的孩子。

家长维权,是一种权利。为了给学校一个宽松的教育环境,为了让老师敢于管理我们的孩子,我们维权一定要有度。正常维权无可厚非,若走向极端,只会干扰正常的教育行为,吃亏的是我们的孩子。

"双减"政策出台后,家长维权频频发生。有的家长维权是合理的,比如,有初二家长举报学校组织"周考""月考"是违反了减负规定,这是合理合规的。但也有不合理的维权,比如,有的家长举报"学校要求家长记录学生课余时间在家读书的情形,录制视频上传班级群",这就误解了"双减"政策。

"双减"并不代表着孩子就不用学习了,并不意味着家长就没有配合督促孩子学习的责任。为了让孩子能够学到知识,家长的配合是完全必要的。孩子在课余时间看书学习,亲子阅读,家长拍视频也只是举手之劳的事,既是对孩子学习的有效督促,也是配合老师工作的体现。

那么,家长怎么才能做到合理合情维权呢?

1.家长要信任老师,不要过度维权。过度维权是一种信任危机感的反映,不论大事小事,不问该不该,动不动就要维权,这样的维权会让老师感觉遇上了苛刻的和不讲理的家长,一旦老师有这种认识,会让老师反感,那就会束缚老师正常教育的手脚,对当事家长的孩子"敬而远之"。同时,也可能会降低学校老师的威信,让孩子对老师产生轻视心理,有抵触老师教育的情绪,在潜意识里不接受老师的教育,这样会影响孩子的正常学习和生活。

作为家长,我们应该理解老师管理孩子的初衷是善意的,是为了履行自己的职责;是为了帮助孩子改变孩子的不良习惯,纠正孩子的错误行为;是为了维护学校、班级纪律,建立良好的班级秩序。

所以，家长在处理孩子遇到的各种矛盾和问题时要充分信赖老师，多与老师交流沟通，学会化解家校矛盾。我们家长也要看书学习，明辨是非，不可以溺爱纵容孩子。对于学校老师正常的教育措施我们要支持，不能损害老师在孩子心目中的形象，给老师正常的教育教学带来负面影响。

2.家长要了解政策，不要过度解读。家长对家庭教育、学校教育要有正确的认知，要尊重学校老师，理性地对待他们的教育行为。不要受社会对学校老师负面评价的影响。对涉及教育的相关政策法规也不要过度解读和误读，要结合孩子的实际情况，尊重教育规律。

维权肯定是关爱孩子的表现，生怕孩子吃了亏、受了委屈。爱孩子是没错，但也要爱之有道。如果孩子学习成绩和表现达不到自己的期望值，不只是学校老师的原因，我们家长也有责任。

所以，当面对孩子在学校发生的各种问题时，在家校产生分歧的情况下，我们家长要理性、冷静，不要情绪化，不要首先想到的就是维权，而是要学会反思，为什么同为一个班级、一样的老师，别人的孩子就能学好，而自己的孩子就学不好呢？只有这样，才会理解学校老师的教育行为，也才能建立起和谐的家校关系。

3.家长要换位思考，不要图一己私利。家校难免会出现矛盾，这个时候有少数家长直接与老师"硬刚"起来，开展维权。调查发现，其实，很多生活中的小事并不值得一提，但有的家长把小事变大事，揪着事情不放。这样，即便家长赢了，但只要孩子还在这个学校、班级读书，总会受到负面影响，单是其他老师和同学的冷眼就够让孩子难受。家长尤其不能为了一己私利而犯众怒。

当然，如果确实是某老师出现了过错，家长的维权会得到学校其他老师和同学的理解、支持，对孩子的影响不大。还有，发现老师存在违纪行为，维权并没有错，但是要考虑老师的行为是无意的还是有意的，是偶尔的还是经常的，如果是前者，家长要学会理解与体谅。

所以，家长可以假设一下，如果我们是老师，遇到同样的事应该怎么去做,这样换位去思考,就会理解、宽容老师,知道有些问题产生的根源在孩子和我们家长身上,就不会简单维权。

4.家长要敢于维权,不要犹豫迟疑。家长要时刻关注孩子在学校的表现,同时,也要让孩子知道家长很关心他(她)在学校接受教育的情况。这样才能让孩子安心地在学校学习和生活。家长要建立良好的亲子关系,信任孩子,不要轻易责备孩子,对孩子平常谈及的学校生活要静听多思,要教育孩子有维权的意识。

如果自家的孩子受到了伤害、感到了委屈,家长就一定要有所行动,维护孩子的各种权益,比如,老师做事不公平公正,自私自利,对待有权有势的家长及他们的孩子给予特殊照顾;老师以学习成绩把班级中的孩子分成三六九等,对孩子造成严重的心理影响;老师私自搞家教,给不参加的孩子穿小鞋等。

所以,家长维权既是客观存在的,也是必要的。我们家长有责任、有义务保护我们的孩子。当学校老师的行为确实影响到我们孩子的健康成长时,我们家长应该大胆站出来,维护权益。至于怎样维权,家长可以和孩子讨论一下应对之策,可以与老师沟通,可以向学校管理层或上级管理部门投诉,甚至和执法力量一起维权。这些要根据事情的大小或者对孩子伤害的程度而定。

总之,我们家长维权是必要的,但维权要合情合理,要具体问题具体分析,要依法依规维权,同时,要多一分理解、宽容。如果过度维权、泛化维权,会造成孩子"以自我为中心",降低孩子的社会适应和心理承受能力,这维的是短利、小利,是乱维权,而并不利于孩子的健康成长。

# 第八章 "双减"政策之下,如何审视校外辅导

提起校外辅导,许多家长充满了爱恨情仇。"双减"政策出台,其中一"减",就直接提到"减轻校外培训负担"。本身备受争议的校外辅导受到较大的冲击,许多校外教育机构关店歇业。那么,我们家长怎么办呢?

"双减"政策实施之前,大多数孩子会去报辅导班。起初,是学习成绩不太好和学起来困难的孩子才会去,后来,学习成绩优秀和普通的孩子都报名参加辅导班,不过,已不单单叫补习班,而叫提高班、奥数班之类。普通的孩子是想提高学习成绩成为优秀学生,学习优秀的孩子是想更加优秀或者保持优秀。

"双减"政策出台后,没有了补习班、提高班,于是,有的家长产生焦虑感,或者去找地下辅导班,或者私下请老师一对一辅导,包括找自己的老师辅导等。还有,"双减"政策并没有针对非学科类辅导,所以,非学科类辅导还存在。这里,统称这些辅导现象为"校外辅导"。面对新的校外辅导现象,我们家长要三思而后行。

在"双减"政策之下,更建议家长趁着这次机会,让我们的家庭教育回归本真。好好摸索探讨一下在没有外力帮助的情况下如何陪伴孩子?如何引导孩子学会自律,管理孩子的学习时间,养成良好习惯?如何丰富孩子的家庭作业,让孩子德智体美劳全面发展,提高孩子的综合

素质？等等。

本章与家长谈谈"双减"政策之下，如何审视校外辅导。首先，家长要冷静，不要跟风参加校外辅导，要认清校外辅导的利弊，要分析判断校外辅导适不适合自家的孩子。其次，家长要识别校外辅导的各种乱象，遇到欺诈要知道如何维权。再次，家长要选择好校外非学科辅导。如果没有参加校外辅导的家庭，家长要补好位。

## 第一节　不要盲目跟风参加校外辅导

我们在谈"双减"时，无法避免校外辅导，"双减"中的一"减"直指校外辅导。

那么，"双减"政策出台以前，为什么我们家长热衷于送孩子去校外补习班补习或提高呢？

首先，部分原因是由学校教育的特点所决定的。

学校教育是最重要的教育机构，是培养人、教育人的主要阵地。至少有两个方面是校外辅导机构或个人无法取代的。一是学校教育的课程具有科学性、权威性，学校教育更是有教无类、因材施教、多元培养，是真正实施综合素质教育的地方；二是学校教育的经费是地方财政来保证的，学校教育不会为办学经费太过于动脑筋，也不存在跑路的问题。

学校教育情况挺复杂，有义务教育与非义务教育之分。小学、初中教育属于义务教育，义务教育是通识教育，不是精英教育。义务教育作为一种公共服务，其目的和任务是让大多数孩子能够掌握各个年龄段的常规文化知识，为后续的高等教育、职业教育做准备。

学校教育是面对班级学生的全体教育，不是只针对某个学生的个体教育。学校教育既不会保证成绩太差的孩子一定能提高学习成绩和学习效率，也不会保证学习成绩优秀的孩子保持优秀，或者更上一层楼。对于前者，校外辅导班是小班制，或一对一，肯定有一定的效果。虽然校外辅导也不能保证，但家长可以得到心里安慰，必定自己付出了——花了钱。至于后者，家长要想让自己的孩子能够保持优秀或者更加优秀，甚至成为学霸、精英，这就一定需要经过大量练习，靠时间精力的投入、刻苦努力的训练才有可能在升学的赛道上脱颖而出。当常规的学校教育不能满足这样的培养需求时，于是就去接受校外教育。

哪怕是在保证有良好师德师风的情况下，学校的老师们表现出来的教育理念和教育行为的弹性都很大，无论是职业素养还是工作的情感、态度，在老师们身上都有较大的差异。特别是在复杂的社会背景下，老师们社会压力大，承担的风险大，这样也导致老师少管、不管、不敢管的人数在增加。再者，学校分重点班和普通班，好老师一般上重点班，人为造成教育的不均衡。如果我们自家的孩子遇上一个好老师，那是家长的运气，也是孩子的福气；遇不上，家长也无可奈何。如果家长自己不想或者说自己没有能力、精力担起家庭教育的责任，就只好选择教育消费的方式，拿钱找别人培养。

其次，以前出台的教育政策与家长的刚性需求不在一个轨道上。

出台教育市场化政策后，学校之间的差距拉大，每个地方都出现了重点校和名校。在家长看来，重点校或名校在管理和教学上都优于普通学校。家长为了孩子小升初或者初升高时能进入重点学校或名校，把孩子提前送去校外教育机构培养。

其实，绝大多数优秀孩子的背后站着的都是优秀的家长。相对升学率高的重点学校，除了拼教育的强度和孩子的态度之外，很大一部分原因还是孩子的学习基础、学习习惯好，是家长本身重视教育，懂家庭教育。如果我们家长不重视教育，不懂家庭教育，即便去了重点校和名校，去了校外教育机构补课班或提高班，对孩子的影响也是微乎其微的，只是拿钱陪跑。

当然，也有家长认为，普通学校不仅老师不行，很多孩子的素质不高，更主要的是他们的家长生活在社会的中下层，而重点校或名校的家

长往往有办法,即便孩子在升学路上跑输了,将来也会通过家长的帮助谋得好的前程,如果与这些孩子做同学,将来走出社会后人脉关系要优质一些,所以,这些家长明知自己的孩子不是读书的料,拿钱辅导作用不大,但还是要拿钱去辅导,想方设法也想挤进重点校或名校。

另外,重点校和名校也清楚,只有孩子们的学习成绩提升了,学校的升学率提高了,才能保证生源质量和数量上的可持续性。为了确保升学率,除了本校想尽办法辅导之外,还积极鼓励孩子们去校外教育机构辅导。当然,也出现了校外教育机构与重点校或名校老师相互"合作"的现象。

还有,在"减负"政策的指导和舆论背景下,学校教育的强度不够。要想让学校老师给孩子强化重点知识的学习就更加不可能了。况且,一个班级几十个孩子,对应几倍的家长,家长群体的复杂性让学校老师又不敢给孩子留太多的作业。否则,很容易受到家长的质疑和投诉,给自己的职业生涯带来麻烦,因此,学校教育,尤其是普通小学和非重点中学的教学目标会降低到只要完成教学任务就好了,至于孩子学得好不好、知识掌握得是否扎实,纯粹看孩子的造化。这样,很多家长只好把孩子送去校外教育机构补习或提升自己。

显然,我们很多家长送孩子去校外教育机构是无奈的选择。如果辅导有效果,心里还好想;那些没有辅导效果或不能如愿的家长只能承受无言的结局。

"双减"政策出台后,教育环境已发生了根本改变,我们家长一定要清醒,不要盲目跟风。

首先,在"双减"政策之下,在校外学科辅导已不存在的情况下,学校教育是关键,学校教育在"减"的同时还在"加"。相关教育政策会引导学校教育最大程度地满足孩子不同的教育需求,不仅会满足共性的学业需求,还有培优补差、满足差异化的个性需求。同时,政策还要求教育均衡化、就近入学,引导教育公平化。这样一来,家长没有了去校外学科辅导班的必要性、急迫性,要去也是去非学科辅导班。

其次,"双减"政策之下,家庭教育的意义和价值凸显出来。我们家长要调整好心态,要有正确的价值观和就业观,注重孩子综合素质的培养;要调整教育思路,转变家庭教育的观念,既要改变原来唯分数论、唯升学论的思想,也要明白"双减"不等于放养;要用长远的眼光看待"双减",避免教育内卷。我们家长要明白,不断强加的额外压力并非学习成绩进步的好办法,相反,过重的学业负担反而会让孩子背上沉重的包袱,不符合学习规律,不利于孩子更好地学习和健康成长。

总之,家长一定不要忽视学校教育和家庭教育,不要盲目跟风去参加校外辅导班。如果想用校外辅导代替学校教育和家庭教育,那是"丢了西瓜,捡了芝麻"。在教育改革的大背景之下,我们家长要尽到家庭教育的责任,提高家庭教育水平,确保孩子个性化而全面的发展、健康成长。

## 第二节 认清校外辅导的利弊

一个现象的存在,一定有其理由。校外辅导之所以存在,也如此。望子成龙、望女成凤是每个家长的愿望,当学校教育无法满足家长的需求,家庭教育又无法跟上的情况下,家长只有选择参加校外辅导。

不过,当家长拿着真金白银去辅导班时是否思量过,适不适合自家的孩子?孩子愿不愿意?怎么辅导?辅导什么?这些事不完全是钱的问题,还涉及孩子的时间成本、学习习惯的养成等问题。所以,家长有必要认清校外辅导的利与弊。

先说说校外辅导的利。通过校外辅导可能弥补了学校教育和家庭教育的不足,增加了孩子学习的绝对时间,可能对孩子的学习或考试分数有帮助。

1.校外辅导有利于因材施教。每个孩子有每个孩子的个体特征。学校是大课,满足个性化的教育有限,而校外辅导大多是小班或一对一,家长可以根据孩子的情况选择辅导,既能满足学得慢的孩子,也可满足学得快的孩子。

就学得慢的孩子而言,可以及时对学校教学的内容查漏补缺或温习巩固,为进一步的学习打下坚实的基础,也可以多学一些知识,能够跟上学校老师的教学节奏。

就学得快的孩子而言,上辅导班,准确地说不叫辅导,叫提高,可以让孩子学习得更广泛、更深入或超前学,还可能进一步培养孩子的思维能力和独立探究的精神。

2.校外辅导有利于督促学习。由于学校一个老师教几十个孩子,不同孩子的知识基础、学习能力差异比较大,老师也不可能督促或确定每一个孩子都听懂了再往下讲,造成一部分孩子直接就混过去了,而校外辅导则更加个性化和具有自主性。

就孩子来说,参加校外辅导换了学习环境和教学老师,也许更适应。不同的老师在教法上、学习方法的指导上有所不同,可能对孩子有帮助。

还有,有些孩子对学习不感兴趣或者没有学习的自觉性,在学校上课时跟不上进度,而校外小班或者一对一的形式进行辅导,有利于老师直接督促,帮助孩子完成作业。

3.校外辅导有利于挤占孩子玩耍的时间。假期孩子把大量的时间用来玩游戏和看电视。许多孩子喜欢先把作业放在一边,到快开学了花上几天通宵赶作业,还有一些孩子则是在暑假开始的前两三天突击完成假期作业,然后其余的时间全部用来玩耍,这对于开学后的学习有较大的负面影响。

孩子参加辅导班后,客观上就挤占了看动画片、玩电脑和手机的时间。到了辅导班有了新环境、新同学,也许能让孩子的生活过得更加充实。让孩子参加校外辅导班,还有利于帮助孩子温习旧知识,或者学习新学期的知识,有利于孩子新学期的学习。

再说说校外辅导的弊。对于大多数孩子来讲,从长期发展来看,校外辅导的弊端很多，只是我们家长没有细细地思考，或者说不了解罢了。

1.让孩子的学习养成依赖性。孩子参加辅导最大的弊就是容易让孩子养成不能自主、独立、自觉学习的坏习惯，总是依赖他人，只有在他人的指导和帮助下才能学习，没有自己的学习计划和安排，一味跟着别人的步调学习。如果孩子没有学习的主动性、自觉性，无法养成深度思考问题的习惯，就不能够培养起孩子独立解决问题的能力。

2.造成孩子学习时间的浪费。许多家长是被社会现象所裹挟，被动地送孩子参加校外辅导的。辅导班老师的教学不一定适用于每一个孩子，也可能对孩子的问题不能真正对症辅导，这样就会出现治标不治本的现象。如果让这些孩子参加这样的辅导只会让孩子混时间，这对孩子的学习不但没有丝毫帮助，反而可能让孩子养成一些坏习惯。

3.造就为分数而刷题的机器。许多家长以为把孩子送去辅导，孩子就能多少提点分。校外辅导班的老师为了招揽生源，也承诺提分，似乎"两情相悦"。其实，我们家长忽略了教育的规律和学习的特点，真正的知识能力、习惯养成靠钱是买不回来，它需要孩子自己消化，谁也代替不了。即便孩子有分数的提升，那也只是让孩子成为刷题考试的机器，并未真正解决孩子的学习能力、习惯问题。

4.造成家长的经济压力、心理压力。目前我国校外辅导的成本高，校外辅导的成本远远高于校内辅导。校外辅导对一个家庭来说是一笔不小的负担。还有，校外辅导班太多了，让家长眼花缭乱，钱没少花，但许多孩子的学习成绩没有多少变化。此外，校外辅导班或个人都以谋利为目的，还存在欺诈和跑路的情况。这些都增加了家长的焦虑感。特别是一些家长看着高额的辅导费用望而却步，却又担心自己的孩子落后于其他孩子，这在一定程度上造成了家长的心理压力。

5.辅导可能带来安全和健康之忧。部分辅导班的条件和周边环境相对较差，缺乏良好的教育环境，安全卫生状况堪忧。辅导班多数以营利为目的，为了追求较高的利润，随便在租来的房屋中实施教学，这不利于孩子的学习和安全。还有一些辅导班所在的位置交通条件相对复

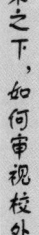

杂，也存在很多安全隐患。另外，让孩子过度参加辅导，还可能影响孩子的心理健康和透支孩子的身体。

6.有扩大社会不公平的可能。无止境的超常规辅导、超前学习，除了加剧社会教育、家庭教育出现内卷之外，也会加剧教育资源的不均。有的孩子能得到辅导，有的却不能。这一部分能参加辅导的孩子，或许只是家长劳神伤财和教育焦虑，但对于一些无法参加各种辅导的孩子来说，则可能是在升学的赛道上或早或迟地被挤出，影响到他们未来的就业。

总之，在"双减"政策之下，虽然面上不允许或减少许多校外教育培训机构，但还是有少数家长想方设法参与各种变相的辅导。那么，即便要参加辅导，家长也要先了解自家孩子的学习情况，征求自家孩子的意见，做好及时退出的打算。家长一定要正确看待辅导的利弊。家长要做到能不参加校外辅导，最好不参加。通过家庭教育培养孩子的学习习惯、做人做事、意志品质等才是孩子成功的硬道理。

## 第三节 校外辅导不适合每个孩子

校外辅导的存在是因为有大量的需求。许多家长认为孩子参加校外辅导就一定有效果，孩子的学习成绩就能迅速提高。

于是，在"双减"政策的背景之下，在没有校外辅导班的日子里，有的家长开始着急，觉得自己不能给孩子辅导，没有了校外提高班、辅导班，孩子怎么办？校外辅导是让家长纠结的问题。

其实，家长大可不必着急，要想清楚校外辅导是否真能提高成绩。这不是一个简单的能与不能的问题。不同的孩子在参加辅导班后的学习成绩是不一样的，需要结合自家孩子的情况来分析。总体上讲，校外辅导不适应每个孩子。

学校某班开家长会。

有位家长说:"我家孩子回家就是玩,彻底放松了,既没有作业又不用补习,这学期感觉她特别轻松。"另一位家长接话说:"给孩子买些练习册,虽然老师不留作业了,但我们家长得盯住了。我家孩子每天晚上必须用1个小时进行复习和预习。"

这两位正聊着,另外几位家长也加入了。

其中,家长甲说:"不上辅导班总感觉缺点啥。过去孩子的日程排得满满的,学校放了学就马上送到辅导班,虽然辛苦,也看到孩子的学习成绩比较稳定。"

家长乙接话说:"就是呀,如今,一下子没有了辅导班,孩子整天在家看电视、耍手机,说也不听,真没办法。"

家长丙接着说:"我家孩子没上过辅导班,总觉得去辅导班既花钱,又占用孩子的休息时间,没必要。"

这时,家长丁插话说:"这得看孩子本身,有的孩子吸收好,这钱可以花;有的孩子学习习惯不好,无论家长拿多少钱,照样学不进去。"

"学习习惯好,学习自觉的孩子,还用得着去辅导班吗?"不知是哪位家长说一句话。

这时,班主任进教室来了,家长们也打住了。

确实,参不参加辅导班要结合孩子的情况,不能一概而论。

首先,我们从参加校外辅导的情况来看,大致分三种:

1.学习能力较强的孩子。孩子学习能力比较强,课堂学习有余力,成绩优秀,这类孩子大部分不会参加辅导班,但也有少数家长不愿让孩子课余时间花在游戏和休息上,总是想自家孩子优上加优,给孩子加压成了顺理成章的事。于是,就去各种"培优班"或"提高班"。

2.学习能力较差的孩子。孩子学习能力较弱,吸收慢,学校教的内容消化、吸收不了。这些孩子的家长中有些又有强烈的期望,为实现自己的期望目标,便急着到处找老师家教,或者把孩子送去校外辅导班。当然,也有家长认为孩子不是读书的料,辅导也没用,就不白花钱了。

3.学习能力一般的孩子。孩子处于中等水平,并没有辅导的必要,

也无余力学习新知识，但是看到其他孩子参加就有些担忧，有了攀比心理。于是，本不打算给孩子额外负担的家长，为了不影响孩子前途，便随大流，也让孩子参加校外辅导。

可见，家长望子成龙、盼女成凤的心情、过高的期望值，或从众心理，成为校外辅导存在与发展的温床。

其次，我们从孩子参加校外辅导收获的成绩来看。

1.孩子参加了辅导班就一定能提高学习成绩吗？不一定。调查发现，部分家长让孩子参加辅导班完全是出于自己的心理安慰，实际辅导成果却未可知。有的孩子看似背着书包去了辅导班，听课效率却很差，甚至将辅导班当作课余放松、睡觉的地方。

其实，不管是校内的学习还是校外的辅导，孩子才是主体。有的孩子从小学到高中都没有上过辅导班，成绩也十分优秀。孩子的学习成绩，固然与学校的学习氛围、教师的教学水平有关，但更重要的，则是我们家长要从小培养孩子的学习兴趣、学习习惯，掌握一定的学习方法，这就与家庭教育本身有着莫大的关系。

2.孩子不参加辅导，学习成绩就上不去吗？不是的。我们家长不要把参加校外辅导看得太重，而是要在家庭教育上下功夫。就一般孩子来说，家长要做好以下几点：一是要让孩子树立奋斗的目标。有了目标也就有了学习的动力。二是要培养孩子学习的乐趣。家长要循循善诱，耐心指点，让孩子从苦学、厌学变为喜学、乐学。三是要做好对孩子的评价，让孩子在学习、生活中有收获感、成就感，要引导孩子自我激励。四是要给孩子自由的空间。教育孩子要做到有分寸，让孩子感觉到自己是自由之身。五是要培养孩子的自律能力。自律能力决定孩子的内在动力。

所以，我们家长要正确认识校外辅导的作用，不能过分依赖，没有了也不要心急、焦虑。如果家长真的担心孩子在没有辅导班的情况下学习会落后，不如好好考虑一下如何跟孩子一起摸索更适合的学习方法，如何利用双休日查漏补缺，让孩子学会反思，学会主动发现学习上的问题。只要家长对孩子寄予厚望,努力学习家庭教育的相关知识和教育方法,把更多时间和精力放在孩子的家庭教育上,就一定能提高孩子的学习成绩,提升孩子的综合素质。

总之,在"双减"政策之下,家长真正要重视的是学校教育和家庭教育。通过与孩子的老师充分交流,全面了解孩子的情况,做到尊重孩子的兴趣、爱好,鼓励发挥所长,为孩子量身规划成长路径。这样就能促进孩子的有效学习,创造性地完成学习内容。

## 第四节　识别校外辅导的各种乱象

"双减"政策出台之前,校外教育机构被各种利益或资本裹挟,一路狂奔,收费越来越高,有的地方名师的收费甚至达到每小时2000元;辅导班花样百出,有大班小班,一对一或对二对三。

还出现校外教育机构逐渐与地方重点校、名校勾连的现象,打着重点校、名校的名号招生。重点校、名校的部分名师也参与校外教育机构教学,也有少数老师把自己的学生推荐到机构去上课,甚至有重点校、名校把去某教育机构学习作为报考的条件。

除了校外教育机构所办的辅导班外,学校老师也在校外私自开办辅导班,让自己的学生去辅导,有的师德差的老师对不去辅导的学生或家长不理不睬,在一些事项上故意刁难,甚至给学生穿小鞋。

"双减"政策的出台,使校外教育机构出现了行业"休眠"。但是还有部分家长习惯了校外辅导,还在想法找老师辅导,还有家长盲目"拼娃",存在"别人学,我家孩子就得学"的思维。

市场需求的存在,让一些学科类校外辅导转入地下,换个马甲继续开班。有些地方出现了花样式辅导班,有的家长"众筹私教",一起高价聘请老师给孩子辅导;有的开"黑班"继续授课;也还有学校老师胆大妄为,顶风给自己的学生有偿辅导。

"双减"政策出台后还出现了各种变相辅导的现象,说到底还是因为家长有教育焦虑感。这从另一个方面反映出许多家长对于家庭教育的作用认识不到位,对自身家长的角色还不清楚,家长自身的教育义务和责任缺位。

在"双减"政策之下,并不意味着校外辅导的绝迹。针对目前还存在的校外辅导,如果我们家长还想让孩子参与辅导班的学习,一定要擦亮眼睛、三思而动,既要谨防上当,又要确定自家孩子有没有必要参加。

1.明确自家孩子所需要的辅导类别,有针对性地选择与之相匹配的辅导班,并仔细核对辅导班的资格、类别、范围等。对于孩子确有意愿需要报班学习的,家长应明确要报的班是属于学科类的还是非学科类的。根据教育部义务教育阶段校外培训分类,学科类培训包括道德与法治、语文、历史、地理、数学、外语、物理、化学、生物;非学科类培训包括体育、艺术以及综合实践活动等,等明确类别后再有针对性地选择与之相匹配的机构,尽量不要报名参加双休日、节假日、寒暑假期间的学科类课程。

2.家长在签订培训合同前,要详细约定并阅读合同内容,特别是课程内容、授课老师、退费规则等事项。对于辅导人员的口头答复,要落实到合同中,不要轻信口头承诺。对于费用高、周期长的教育项目,一定要审慎签约,不要一次性高额缴费,避免陷入教育消费贷和预付金被卷走跑路的圈套。另外,最好事先了解孩子在学校的学习情况和学校的教学情况,辨别辅导班的教学计划是否超纲、超前,是否加大难度等,确保与学校的教学计划相匹配。

3.要对辅导班的师资情况进行了解,确保提供的老师有相应的资质。家长可通过"全国中小学生校外培训机构管理服务平台"查询经营信息,核对培训机构的培训类别与范围。建议家长最好实地查看校外辅导班的环境场所,了解辅导班的运行状况、安全情况等,让孩子在安全、健康的环境下学习。对选择到孩子自己老师那里辅导的,也要注意经常询问孩子的辅导情况,不要鉴于关系、情面而既花了钱,又浪费了孩子的时间。

总之,"双减"政策是为了让孩子的学习最好回归校园。在孩子教育的问题上,家庭、学校是重要的责任主体,无论小学、初中还是高中,让孩子跟着老师扎扎实实走,能不上辅导班尽量不上,防止孩子对辅导产生依赖心理,不要让孩子一遇到学习困难就想找人补课而失去自主学习的能力。即便要参加校外辅导,也要擦亮眼睛,谨防上当。

## 第五节　如何选择校外非学科类培训

根据国家义务教育阶段课程设置的规定,道德与法治、历史、地理、语文、数学、外语(英语、日语、俄语)、科学(或生物、物理、化学)按照学科类进行管理。而体育(或体育与健康)、艺术(或音乐、美术)学科,以及综合实践活动(含信息技术教育、劳动与技术教育)等按照非学科类进行管理。

为深入贯彻落实"双减"政策,指导加强学科类校外培训项目鉴别工作,提高工作的科学性和规范性,教育部又印发了《义务教育阶段校外培训项目分类鉴别指南》,明确了鉴别依据,即要从培训目的、培训内容、培训方式、评价方式等维度,对培训项目进行综合考量,如符合以下特征,即判定为学科类培训。

一是培训目的以学科知识与技能培训为导向,主要为提升学科学习成绩服务。

二是培训内容主要涉及道德与法治、语文、历史、地理、数学、外语(英语、日语、俄语)、物理、化学、生物等学科学习内容。

三是培训方式重在进行学科知识讲解、听说读写算等学科能力训练,以预习、授课和巩固练习等为主要过程,以教师(包括虚拟者、人工智能等)讲授示范、互动等为主要形式。

四是结果评价侧重甄别与选拔,以学生的学习成绩、考试结果等作

为主要评价依据。

很多家长觉得"双减"政策对于非学科类培训机构来说是一个春天，这确实是有道理的。因为政策的目的就是让孩子减负，加上对学科类教育培训机构的新要求、新限制，家长就可能会将更多的注意力放在非学科类培训方面。

在"双减"政策之下，由于学科类校外辅导全面压减，关注孩子综合素质教育的家长越来越多。目前，除了少数家长还希望能从中找到灰色空间，继续参加学科类培训外，大多数家长选择在周末为孩子报名体育类、艺术类等非学科类的课程。当然，也有家长则冷静地认识到，哪怕是非学科类培训，一旦再陷入内卷，也可能受到新的政策监管。

值得注意的是，随着体育中考加分、体育课留作业等，家长对孩子参加体育运动更重视了，很多孩子从报名一个项目拓展到两项、三项运动。显然，随着非学科类课程引起家长的重视，又会出现新的问题，那么，家长如何选择非学科类的辅导呢？

学者熊丙奇表示，非学科类培训，是素质培训，是个性和兴趣的培训，要培养孩子的艺术兴趣、体育兴趣，因此，家长更应该根据孩子的兴趣、能力来进行选择，而不能够盲目地去选择。盲目选择一方面会制造家长的焦虑，另外一方面可能会增加孩子的负担。

## 第六节 参加校外辅导如何维权

如果我们家长由于各种原因要让自家孩子参加校外辅导，无论是学科类辅导还是非学科类辅导都要了解相关政策。当出现权益被损害时，要有维权的意识和方法。个人辅导情况特别复杂，我们家长选择老师既要看授课能力，还要看人品。这里，谈谈参与校外教育机构的辅导如何维权的情况。

首先，要选好辅导机构，签好合同，注意缴费。

1.查看资质。确认该机构是否具有相关办学资质,包括:《民办学校办学许可证》《工商营业执照》《民办非企业单位登记证书》等证照。应张贴在醒目位置,且按照办学许可证审批的培训项目开展培训业务。

2.签好合同。家长应与机构签订正式合同——《中小学生校外培训服务合同》(由教育部、市场监管总局制定。)

3.注意缴费。不要一次性缴纳时间跨度超过3个月的费用,并记得索要正式票据。切勿轻信辅导机构所谓的"促销优惠",特别对于大额分期付款,要注意甄别是分期付款还是金融贷款,避免陷入机构的贷款圈套。

其次,遇到辅导机构、个人辅导班承诺不兑现、拒不退费,甚至跑路的情况,严重侵犯了我们家长和孩子的合法权益,该如何维权呢?

1.要增强自身的维权意识,及时留存证据,如合同、发票等书证,网上截屏、App截图等电子数据,电话录音、上门交涉录音录像等等。

2.如发现培训机构承诺不兑现、拒不退费、疑似跑路等违规、违法行为,可通过"全国中小学生校外培训机构管理服务平台"进行投诉举报。也可直接向教育部门(教委)、市场监管部门(工商局)等有关行政部门反映。自2021年9月3日起,教育部启用了24小时统一监督举报电话010-66092315,66093315,以及统一监督举报邮箱12391@moe.edu.cn。

3.如发生争议而培训机构逃避的,还可以请求当地消费者组织(消费者协会)进行调解,及时维护自身的合法权益。家长可以通过12315消费者协会、12345热线等进行维权。

4.如上述途径均不能解决问题,家长还可以向人民法院提起诉讼或根据培训合同的约定向仲裁机构提起仲裁申请。根据《民法典》第五百六十三条的规定,"在履行期限届满前,当事人一方明确表示或者以自己的行为表明不履行主要债务",当事人可以解除合同。培训机构关停、跑路,导致培训合同的目的无法实现,其行为已构成根本违约,家长可以向法院或者仲裁机构要求合同解除。不属于关停、跑路情况的,家长也可以根据前文所提到的《中华人民共和国民法典》第五百三十三条

规定,以情势变更为由,请求人民法院或者仲裁机构变更或者解除合同。合同解除后,尚未履行的终止履行,家长有权要求培训机构退回未上完课所对应的培训费用。

## 第七节 没了校外辅导,家长要补位

"双减"政策出台之前,许多家长把本属于自己的责任转移给校外辅导机构,用钱买"他人"帮助教育,以消费的方式代替完成部分教育。

现在,"双减"政策出台了,面上的校外学科类辅导没有了,我们有的家长比较紧张、焦虑。

其实,大可不必,家长不妨问自己三个问题:孩子通过校外辅导获得了稳定而持久的分数增长吗?分数的提高等同于学业水平和能力的提升吗?孩子在接受辅导后,学习习惯和方法有积极、长效的变化吗?

孩子的成长离不开教育,而真正的教育,重点不应在校外辅导,而是学校教育和家庭教育分工合作。校外辅导就像拿钱消费,知识是买回了一些,但陪伴、亲情等是买不到的,教育孩子的本质不是消费,而是需要用"一棵树摇动另一棵树,一朵云推动另一朵云,一个灵魂唤醒另一个灵魂"。家长只有用心用情地教育孩子才能有真正的收获。

所以,家长既不要着急,也不要抱怨,而应该思考在没有校外辅导的日子里怎样顺应时代的需要,不缺位,补好位,才是我们家长应有之思、应尽之责。

那么,我们家长补什么、怎么补呢?要根据自家孩子的实际情况来分析,真正做到"一对一"的陪伴教育。一般说来,家长应注意下面几点教育补位:

1.补孩子的自信心。许多去辅导班的孩子,还是具有一定自学能力的,自己完全可以自我学习。他们只是缺乏自信心,自我认识不足,不相信自己;认为自己不如别人,对辅导有依赖心。对这样的孩子,家长首先要培养、激发孩子的自信心，让孩子相信"我自己能行"，"我能做到"。

2. 补孩子的好习惯。成绩不佳的背后往往是缺乏学习的好习惯。因此，家长有必要帮助孩子树立认真预习、认真倾听、认真实践、认真纠错、认真归纳、认真总结等学习习惯。家长要根据学生的年龄特点多督促、多帮助，起好示范作用，逐步放手，让孩子好的学习习惯稳定下来。

3. 补孩子的学习方法。方法比知识更重要。要结合具体知识，教会孩子记忆、理解和应用的方法。适合孩子的学习方法一定是建立在孩子的学习兴趣的基础上的。家长要重视孩子的个体差异，注重孩子的个性，帮助孩子找到属于自己的那把钥匙。家长要训练孩子解决问题的能力，只有拥有解决问题的能力才掌握了未来制胜的法宝。

4. 补孩子的思维能力。脑子里的知识慢慢都会淡忘，唯有思维是根，可以长在孩子的生命里，伴随孩子一生，不断地给孩子输送养料，让孩子开花结果。家长要结合孩子的年龄特点，训练孩子的思维能力。就小孩子而言，家长可以从游戏中认识图形，搭建空间，开发空间想象能力和逻辑思维能力。就比较大的孩子而言，要注重启发孩子运用学过的方法和知识去寻找答案；要鼓励孩子刨根问底，无论孩子的回答有多么啼笑皆非，也不要嘲笑或者打击。

总之，在"双减"政策之下，家庭教育的意义越来越突出，我们家长要紧跟时代，学习科学合理的教育理念，经营好家庭环境，做到教育行为有度，多花时间陪伴孩子，建立起良好的亲子关系，思考让孩子获得学习自信心的办法，引导孩子养成良好的习惯，培养孩子自主学习的能力。